Pat Morris

Alles über Igel

Mit Illustrationen von Guy Troughton

Albert Müller Verlag
Rüschlikon-Zürich · Stuttgart · Wien

Aus dem Englischen übersetzt von Yella Fritz. Titel des englischen Originals: «Hedgehogs», erschienen bei Whittet Books Ltd, Weybridge, Surrey.
Copyright © by Pat Morris (Text), Guy Troughton (Illustrationen), 1983. Deutsche Ausgabe: © Albert Müller Verlag AG, Rüschlikon-Zürich, 1984. – Nachdruck, auch einzelner Teile, verboten. Alle Nebenrechte vom Verlag vorbehalten, insbesondere die Filmrechte, das Abdrucksrecht für Zeitungen und Zeitschriften, das Recht zur Gestaltung und Verbreitung von gekürzten Ausgaben und Lizenzausgaben, Hörspielen, Funk- und Fernsehsendungen sowie das Recht zur foto- und klangmechanischen Wiedergabe durch jedes bekannte, aber auch durch heute noch unbekannte Verfahren. – ISBN 3-275-00849-8. 1/4-84. – Printed in Switzerland.

Vorwort

Wir alle sind Igel-Freunde. Für kein anderes Säugetier wird so viel getan wie gerade für den Igel. Jedermann will den kleinen Stachelträgern helfen – manchmal sogar mehr als ihnen zuträglich ist. Überall gibt es Igel-Stationen, wo hilfsbedürftige Igel zur Behandlung und Erholung abgeliefert werden können, verletzte, kranke, unterernährte, von Parasiten befallene und so weiter. Zeitungen und Magazine bringen immer wieder Artikel mit Anweisungen und guten Ratschlägen. Schutzorganisationen verteilen Merkblätter, zoologische Gärten werden mit Anfragen über Igel-Pflege überschwemmt.

Hat man jemals gehört von ähnlicher Hilfsbereitschaft für andere Insektenfresser, etwa Maulwürfe oder Spitzmäuse oder Kleintiere wie Eichhörnchen und Siebenschläfer? Woher dieses Übermaß an Sympathie für den Igel? Es kommt auch in allen Fabeln, Märchen und Tierlegenden zum Ausdruck. Immer ist der Igel der Klügere und der Schnellere als seine Partner. In manchen Gedichten wird der Charme des Igels besungen. Tiervater Brehm nennt ihn seinen lieben kleinen Gartenfreund und bewundert sein «sehr niedliches Schnäuzchen, gleichsam eine nette Wiederholung des gröbern und derbern Schweinsrüssels vorstellend, ein Paar klare, freundlich blickende Äuglein ...» Bereits 1864 hat Brehm energisch «den ausgedehntesten Schutz» für seinen lieben Gartenfreund gefordert und immer wieder hebt er die Pfiffigkeit des liebenswürdigen Stacheltieres hervor.

Christian Morgenstern hat dem Igel folgendes Gedicht gewidmet:

Wer kann mir die Festung nennen
Kugelrund und wohlbewehrt?
Wo die Feinde sie berennen,
Werden Spieße hingekehrt.

Ist der Angriff abgeschlagen
Sich die Kugel schnell entrollt;
Schaut sich um mit viel Behagen,
Lustig dann von dannen trollt. –

Verhaltensforscher haben festgestellt, daß es zwei ganz verschiedene Kategorien von Tieren gibt, die dem Menschen besonders sympathisch sind; das sind erstens solche, die nach Konrad Lorenz dem Kindchen-Schema entsprechen, also große Augen, eine vorgewölbte Stirn und eine weiche, mollige Haut aufweisen. Der Igel hat nichts von diesen Merkmalen. Die zweite Gruppe von Tieren, zu denen sich Menschen besonders hingezogen fühlen, das sind die «Senkrechten», bei den Fischen zum Beispiel die Seepferdchen, bei den Vögeln die aufrecht watschelnden Pinguine, und die Säugetiere wirken nie so unwiderstehlich als wenn sie Männchen machen, seien es Bären oder unsere vertrauten Haushunde.

Auch in diese Kategorie läßt sich der Igel in keiner Weise einordnen. Was ist es also, das uns bewegt, den kleinen Stachelträger so selbstverständlich und so allgemein ins Herz zu schließen? Ich glaube, es ist jene Eigenart, die uns beeindruckt als listig, gewitzt, verschmitzt, pfiffig. Sie ist vor allem dann zu beobachten, wenn der Igel sich bei drohender Gefahr zur Kugel einrollt – und mehr noch, wenn er sich, nachdem die Gefahr vorbei ist, langsam wieder aufrollt und sich – sozusagen aus den Augenwinkeln unter seiner halbwegs aufgeklappten Stachelkappe hervor umsieht, jederzeit bereit, sich bei erneuter Bedrohung auch durch große Feinde augenblicklich, das heißt in Sekundenbruchteilen, wieder einzukapseln, «einzuigeln», wie der Fachausdruck lautet. Der Igel ist also gewissermaßen der schlaue Zwerg, dem der überlegene Riese nichts anzuhaben vermag. Er ist der David, der den Goliath überwindet.

In seiner berühmten Naturgeschichte rühmt der französische Forscher G. L. de Buffon (1769) den Igel als ein Wesen, das sich zu verteidigen weiß ohne zu kämpfen, und zu verwunden ohne anzugreifen. Ist das nicht auch ein großartiges Sinnbild der bewaffneten Neutralität? Vor Jahrhunderten, als es noch keine Feuerwaffen gab, haben die alten Landsknechte zuweilen die wirksame «Igelstellung» eingenommen, also sich in einem dichten Haufen so gruppiert, daß ihre Spieße nach allen Richtungen zeigten.

Tatsache ist, daß die Igel als Art sich durch viele Millionen Jahre in einer gefahrvollen Umwelt mit Erfolg zu behaupten wußten. Nun tritt aber seit wenigen Jahrzehnten ein neuer

Goliath auf, ein technischer, gegen den es keinen biologischen Widerstand gibt: der moderne Auto-Verkehr. Die während Jahrmillionen mit Erfolg angewandte Methode des Sicheinrollens in den Stachelpanzer ist völlig wirkungslos gegenüber den heranrasenden Metallkolossen. Ihnen fallen die aus einer fernen Vorzeit stammenden Tiere massenhaft zum Opfer, auch einer weiteren Erscheinung unserer Zeit: Die Igel, berühmt wegen ihrer erstaunlichen und beneidenswerten Widerstandsfähigkeit gegenüber natürlichen Giften, zum Beispiel von Insekten und Schlangen, sind völlig hilflos gegenüber Gift-Präparaten der modernen chemischen Industrie, die heute überall und oft maßlos eingesetzt werden. Wer weiß, wem solche Gifte – außer dem Igel – schließlich auch noch gefährlich werden?

Prof. Dr. Heini Hediger

Dank

Zahllose Menschen haben durch ihre Beobachtungen zur Erweiterung meines Wissens über Igel beigetragen und auch dazu, daß mein Interesse an ihnen nicht erlahmte. Viele in diesem Buch enthaltene Informationen wurden aus Forschungsberichten anderer in- und ausländischer Biologen zusammengestellt. Meine Studenten Nigel Reeve, Andy Wroot, Simone Bullion, Warren Cresswell und Richard Leishman opferten der Untersuchung verschiedener Aspekte der Biologie des Igels Tausende von Stunden – in Dunkelheit, Nebel und Regen –, um auf meine Fragen nach dem Tun und Lassen der Igel Antworten zu finden. Besonders dankbar bin ich ihnen für ihre Standhaftigkeit und für alles, was sie mir selbst zu tun ersparten. Mr. und Mrs. R. Wall danke ich für die Großzügigkeit, mit der sie uns in ihren Garten eindringen und ihre Igel stören ließen, mit der sie uns über fünf Jahre lang ertrugen, auch wenn wir sie mitten in der Nacht belästigten. Die freundliche und uneingeschränkte Mithilfe der für einen Royal Park und einen Golfplatz im Westen Londons zuständigen Behörden verschaffte uns ideale Beobachtungsstätten für die bisher einzigen größeren Freilanduntersuchungen über die Ökologie der Igel in Großbritannien.

Viel verdanke ich ebenfalls den Wildhütern, die mir tote Igel zur Verfügung stellten, und auch außergewöhnlich geduldigen Freunden wie Dr. Derek Yalden, der diese Igel zerlegte und untersuchte. Dankbar bin ich auch meiner Mutter, die den Text dieses Buches tippte sowie den meiner beiden Dissertationen zum Dr. phil. und ein Dutzend oder mehr anderer Aufsätze und Zeitschriftenartikel, die ausgiebig für dieses Buch herangezogen wurden.

Einige meiner Studien über Igel wurden durch Fonds der Universities Federation for Animal Welfare, des People's Trust for Endangered Species, der Mammal Society und mehrerer großzügiger Einzelpersonen unterstützt. Auch die Hedgehog Preservation Society war äußerst hilfreich in der Beschaffung von Finanzmitteln für weitere Igelstudien. Ich bin allen sehr dankbar.

Dr. Pat Morris

Warum der Igel Igel heißt

Wer in der Geschichte, wie der Igel zu seinem Namen kam, etwas zurückblättert, wird vor allen Dingen durch zwei Umstände überrascht, nämlich durch die engen Verbindungen einerseits mit dem Schwein, und andererseits mit dem Egel, seltener auch mit der Schlange.

Besonders eng ist die Beziehung zum Schwein. Im deutschen Sprachraum gibt es die Bezeichnung Schweinsigel von allem Anfang an zur Unterscheidung gegenüber dem Hundsigel. Diese beiden Namen werden da und dort bis auf den heutigen Tag verwendet; sie beziehen sich aber, wie wir jetzt wissen, auf ein und dieselbe Tierart, auf unseren europäischen Igel, dessen spitze Schnauze ein wenig an den Rüssel eines Schweinchens erinnert, wie es auch Alfred Brehm empfunden hat. Je nach dem Grad der Aufrollung und je nach dem Futterzustand – fett oder mager – mahnt das Igel-Gesicht eher an ein Schweinchen oder an einen Hund.

Im englischen Sprachraum gibt es sozusagen nur Schweinsigel: dort heißen alle Igel «hedgehogs», das heißt eigentlich Heckenschweine. Ähnlich verhält es sich in anderen Sprachgebieten. Die Franzosen unterschieden früher auch zwischen den zwei vermeintlichen Igeltypen, dem Hérisson chien (Hundsigel) und dem Hérisson pourceau (Schweinsigel).

Oft wurde früher, namentlich im norddeutschen und holländischen Sprachraum, nicht nur zwischen Hunds- und Schweinsigel unterschieden, sondern es hieß Hunnigel und Swinegel, wie die Hamburger Zoologin Erna Mohr feststellte. Auf Holländisch heißt unser Igel allgemein Egel.

Mit Swinegel ist vielleicht die Beziehung zum Egel hergestellt, diesem blutsaugenden Wurm. Das wird so zu erklären versucht, daß der Igel, wenn er vom Menschen in die Hand genommen wird, mit seinen Stacheln ähnlich kleine Blutungen erzeugen kann wie der Blutegel.

In östlichen Sprachgebieten wird der Igel mit der Schlange in Zusammenhang gebracht und heißt dort Schlangentier. Der

Grund dafür ist leicht zu erraten, denn überall, wo unser Igel vorkommt, ist er auch berühmt als Schlangentöter, in Europa vor allem als Vertilger der giftigen Kreuzottern und Vipern, im Osten von weiteren Giftschlangen. In zahlreichen Untersuchungen wird geprüft, welcher Anteil der sieghaften Auseinandersetzung des Igels auf seine Giftfestigkeit und welcher auf den mechanischen Schutz durch seinen Stachelpanzer zurückzuführen ist. Die Frage ist noch nicht eindeutig gelöst.

Prof. Dr. Heini Hediger

Nacktigel

Evolution: Stammbaum und Familiengeschichte des Igels

Unsere heutigen Igel haben keine wirklich nahen Verwandten unter anderen Säugetieren. Es besteht eine entfernte Verbindung zum Maulwurf, der Spitzmaus und bestimmten ausländischen Tieren, die in der Gruppe der «Insektenfresser» zusammengefaßt werden. Das ist ein bißchen irreführend, denn viele von ihnen ernähren sich von anderen Dingen als Insekten, und oft ist auch ihr Aussehen völlig andersartig.

Tatsächlich sind Igel eine Familie für sich. Die heutigen Formen entstanden einfach aus früheren und machten seit Millionen von Jahren eine separate Entwicklung durch. Die ersten Igel traten wahrscheinlich schon vor 15 Millionen Jahren auf, lange vor den Säbelzahntigern, den Fellnashörnern, den Mammuts und anderen neuzeitlichen Emporkömmlingen. Diese Geschöpfe sind heute ausgestorben, aber den Igel gibt es noch immer. Es scheint, daß der Igeltyp I so gut seiner Lebensart angepaßt war,

Der Igel hat das Mammut, das Fellnashorn und den Säbelzahntiger überlebt.

daß sich bisher nichts Besseres entwickelt hat, um ihn zu ersetzen. Ein paar evolutionäre Experimente haben zwar stattgefunden, wie etwa der schweinegroße Mittelmeerigel, aber sie bewährten sich nicht, und die verschiedenen Arten neuzeitlicher Igel ähneln alle in Größe und Form etwa unserem Igel.

Nur weil es den Igel schon seit Urzeiten gibt, bedeutet das nicht, daß er auch immer zum Beispiel in Großbritannien vorkam. In den vergangenen Millionen Jahren gab es mehrere große Eiszeiten, in denen der Igel wohl in wärmere Teile des damaligen Kontinents auswich und dann wieder zurückkehrte, wenn sich das Klima besserte. Für ein Landtier war das kein Problem, solange eine Landverbindung zum jetzigen europäischen Festland bestand. Und die verschwand erst, als gegen Ende der letzten Eiszeit sich der Seespiegel durch Schmelzwasser so hob, daß etwa vor 7000 Jahren England abgetrennt und zur Insel wurde. Aber zu dieser Zeit hatte sich der Igel im heutigen Großbritannien, zusammen mit den Steinzeitmenschen und ihren Nachkommen, schon häuslich eingerichtet.

Da der Igel so uralter Abstammung ist und so wenig Grund zu Veränderung hatte, behielt er viele primitive Merkmale bei, die wohl für die allerersten Säugetiere charakteristisch waren. Zähne, Füße und Skelett zum Beispiel sind nur sehr einfach ausgebildet. Sinne und Gehirn, mehr auf Geruch als auf Sicht angelegt, sind ebenfalls sehr niedrig entwickelt, allerdings deshalb nicht weniger nützlich.

Ähnlichkeiten, die kaum unter die Haut gehen

Das auffälligste Merkmal des Igels ist sein Stachelkleid. Das verleitet viele Leute zu der nicht unbilligen Vermutung, daß Igel eng verwandt sind mit anderen augenfällig stacheligen Tieren wie etwa dem Stachelschwein. Aber ein so simpler, voreilig gezogener Schluß ist ungefähr, als ob man sagen würde, ein englischer Richter ähnele einer Schönheitskönigin, denn beide haben lange, gelockte Haare – der Schein kann trügen! In Wirklichkeit zählt das Stachelschwein zu den Nagetieren (wie Ratten, Eichhörnchen und Meerschweinchen) mit fundamentalen Unterschieden zum Igel. Es gibt noch andere stachelige Nagetiere – südamerikanische Stachelratten und afrikanische Stachelmäuse ebenso wie den australischen

Ameisenigel und ein stacheliges Ding in Madagaskar, ein Borstenigel, der sich Tanrek nennt. Aber sie alle haben die Stacheln ganz unabhängig voneinander entwickelt. Ihre Stacheln sind, wie auch die des Igels, speziell veränderte Haare; allerdings sind sie bei keinem der anderen Tiere so vollendet.

Wenn derartig grundsätzlich verschiedene Lebewesen eine gleichartige Struktur entwickeln und beginnen, sich oberflächlich zu ähneln, nennen Biologen das «konvergente Entwicklung», die nicht durch gleiche Abstammung bedingt ist. Diese nachahmende Entwicklung von Stacheln bei Igeln und all jenen anderen Tieren ist dafür ein gutes Beispiel.

Echidna oder Ameisenigel

Stachelschwein

Afrikanische Stachelmaus

Tanrek

Igelarten

Igel bilden eine ausgeprägte Familie von etwa einem Dutzend verschiedener Arten. Zu ihnen gehören fünf Sorten von Haarigeln, die in Südostasien leben und keine Stacheln haben. Die verschiedenen Arten typischer Stacheligel ähneln einander sehr und unterscheiden sich nur in unwesentlichen Punkten (z. B. dadurch, daß sie schwarz-weiße Stacheln, längere Ohren oder weißes Bauchfell haben) von dem europäischen Igel. Drei Arten gibt es in Afrika, einige in China, und in den Wüsten des Mittleren Ostens und Indiens findet man den Langohr-Igel.

Um die Jahrhundertwende wurde der britische Igel von heimwehkranken Siedlern, die sich auf diese Weise ihr neues Land so vertraut machen wollten wie die alte Heimat, nach Neuseeland gebracht. Heute fühlen sich die Igel dort sehr wohl. Auf beiden Inseln kommen sie häufig und zahlreich vor. In anderen fernen Gegenden war die Verpflanzung von Igeln nicht erfolgreich; so gibt es keine Igel in Nord- oder Südamerika und auch nicht in Australien.

Der britische Igel, wissenschaftlich *Erinaceus europaeus* genannt, gehört zu derselben Gattung, die auf fast dem gesamten

europäischen Festland vorkommt. Die in Osteuropa und bis hinein nach Rußland auftretenden Igel *(Erinaceus roumanicus)* sind durchschnittlich größer als unsere und haben eine weiße Brust. Dies und einige andere geringfügige Merkmale haben Biologen dazu verführt, diese Tiere als eine eigene Gattung zu betrachten.

In ganz Europa findet man Igel auf landwirtschaftlich genutzten Flächen, in Wäldern und in aufgesplitterten, vorstädtischen Lebensräumen. Sie leben auch im Gebirge, zumindest bis zur Höhe der Baumgrenze, aber feuchte Plätze wie Sumpfland mögen sie nicht. In sehr trockenen Gegenden, vor allem in einigen Mittelmeerländern, kommt eine weitere Gattung (der algerische Igel) vor. Im Norden findet man Igel bis zum 60. nördlichen Breitengrad: dort verläuft in etwa die Laubbaum-Grenze durch Südskandinavien und Finnland.

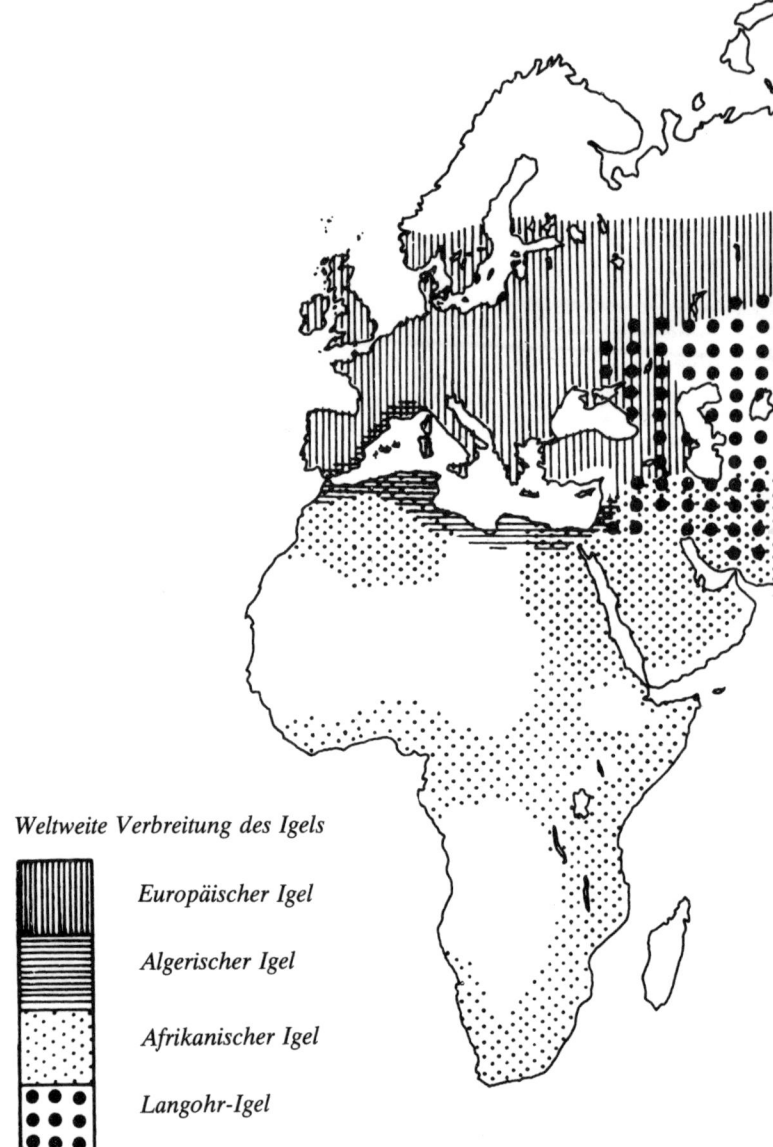

Weltweite Verbreitung des Igels

Europäischer Igel

Algerischer Igel

Afrikanischer Igel

Langohr-Igel

Lebensräume im Zeichen der Städteausweitung

Ein auffälliges Merkmal der Igelverbreitung in Großbritannien ist das häufige Vorkommen in Stadt- und Vorortsgebieten. Im Einzugsbereich von London findet man Igel zum Beispiel bis in die innersten Stadtteile (Willesden, Hampstead, West Ham, Deptford, Streatham, Wimbledon), und in einigen der zentral gelegenen Parks gibt es beträchtliche Populationen, die sich hier ständig aufhalten.

Das häufige Vorkommen von Igeln in vorstädtischen Siedlungsbereichen ist nicht nur eine Freude für die dort lebenden Menschen, sondern auch eine Quelle des Optimismus für die Zukunft. Wir neigen dazu, die Ausweitung unserer Städte in Naturgebiete hinein recht düster zu betrachten, weil wir annehmen, daß dieser krebsartige Wuchs automatisch alle wildlebenden Tiere vertreibt oder vernichtet. Während dies für einige Tierarten tatsächlich eine ernsthafte Bedrohung darstellt, läßt der Igel sich ganz offensichtlich nicht von Ziegelsteinen und Mörtel stören. Parks, Gärten, Friedhöfe, Eisenbahngelände und brachliegende Flächen entsprechen sogar sehr seinem Geschmack – ganz besonders, da die menschlichen Bewohner der Häuser so begierig darauf sind, Mengen von kostenlosem Futter vor die Türen zu stellen. Zugegeben, einiges davon ist eigentlich für Haustiere und Vögel gedacht, aber Igeln tut es auch gut und es wäre eine Schande zuzusehen, wie es an ohnehin schon überfütterte Katzen verschwendet wird. Die besonderen Umstände, die anderen Tieren das Leben in Siedlungsbereichen so schwermachen (z. B. Störung, Gartenzäune, Mangel an Verstecken usw.) sind ganz sicher kein Problem für den Igel, der dort gedeiht und sich vermehrt.

Häufig wird angenommen, daß viele Vorortgärten für Igel zu klein seien. Aber bedenken Sie, daß *wir* zwar von Zäunen und Hecken in unserer Bewegungsfreiheit eingeschränkt sind, nicht aber ein Igel. Ein winziger 10 × 7 m großer Garten ist tatsächlich zu klein für einen Igel, grenzt er aber rückwärtig an einen anderen Garten an, und setzt sich an einer Seite die Reihe fort, steht dem Igel ein recht annehmbares Gesamtgebiet zur Verfügung. Ist ein Garten völlig von Mauern eingeschlossen oder von einem absolut undurchdringbaren Zaun umgeben, muß der Igel passen; doch es gibt kaum Zäune ohne irgendeine Art von Durchschlupf, und die nächtlichen Streifzüge eines Igels richten sich oft danach, wo Löcher in Toren und Zäunen sind. Führt die Futtersuche einen Igel einen Straßen- oder Feldrand entlang, so macht er häufig separate Abstecher in jeden Garten, an dessen Tor er vorbeikommt.

Jedes Tier, das sich in Vorortsiedlungen – einem unserer größten sich ausweitenden Lebensräume – zurechtfindet, hat einen großen Vorteil gegenüber vielen Tierarten, die heutzutage so sehr unter der Zerstörung ihrer Habitate leiden. Das Durchsetzungsvermögen des Igels in unseren Städten und ihrer Umgebung ist nicht nur eine angenehme Überraschung, sondern auch eine wertvolle Hilfe und Garantie für sein zukünftiges Fortbestehen.

Igel sind in London etwas ganz Alltägliches, selbst in Innenbezirken. Diese Karte zeigt einen Radius von 50 Kilometern um St. Paul und gibt an, wo in den letzten 30 Jahren Igelvorkommen festgestellt wurden. Wahrscheinlich sind auch die meisten nicht bezeichneten Stellen von Igeln besiedelt, außer vielleicht die in der unmittelbaren Innenstadt.

Der äußere Körperbau des Igels

Ein Igel ist unverwechselbar. Er ist Großbritanniens einziges stacheliges Säugetier. Diese Tatsache und die frappierende Ähnlichkeit mit einem Aufziehtier aus dem Spielwarenladen führen dazu, daß wir einen Igel sofort als solchen erkennen, ohne die Einzelheiten seiner Anatomie genau zu betrachten. Haben Sie zum Beispiel schon einmal den Schwanz eines Igels gesehen? Sind Sie sicher, daß er überhaupt einen hat? Es gibt ihn tatsächlich, den Schwanz, und er ist etwa zwei Zentimeter lang.

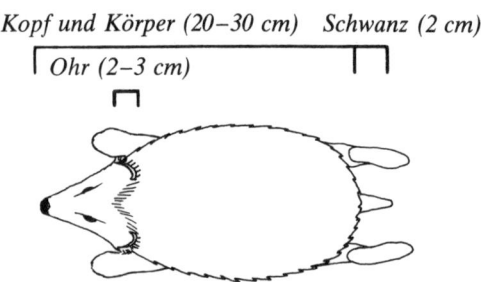

Normalerweise sieht man die Beine und Füße eines Igels nicht, deshalb schaut es so aus, als rolle er auf Rädern, wenn er sich langsam bewegt. Dabei sind seine Beine sogar ziemlich lang (zehn Zentimeter etwa von der Hüfte bis zur Zehe), aber sie

Kräftiger, krallenbewehrter Vorderfuß zum Graben

werden von einem «Rock» verdeckt, den das lange Fellhaar an den Weichen bildet, dort, wo der stachelige Teil der Haut endet. Die bauschige, lose sitzende Haut fungiert als eine Art glockenförmiges Zelt oder Nonnengewand, in dem alles verschwindet, was sich darunter befindet, besonders wenn der Igel sozusagen in sich zusammengesackt ist. Will er sich schnell bewegen, kann er sich aufrichten, die Beine strecken und zwei nackte Fersen zeigen (siehe Abb. S. 22). Läuft er von einem weg, sind diese deutlich von hinten erkennbar. Die Hinterfüße sind drei bis vier Zentimeter lang und ziemlich schmal, die Vorderfüße kürzer, aber gewöhnlich breiter. Sie hinterlassen im Schlamm oder auf sonstiger unberührter Oberfläche auffällig verschiedene Spuren (sie scheinen von *zwei* verschiedenen Tieren zu stammen, was aber nicht stimmt – es sind Vorder- und Hinterfußabdrücke ein und desselben Tieres).

Die Statistik der Körpermerkmale verändert sich beim Igel etwas mit zunehmendem Alter, genau wie beim Menschen: alte Igel neigen oft zum Groß- und Fettsein, die männlichen werden größer als die weiblichen. Das Körpergewicht ist bei Igeln eines der abweichendsten Merkmale, für uns aber auch das hilfreichste, um uns Aufschluß über Alter und Gesundheit zu geben. Einjährige Igel wiegen um 450–680 Gramm. Ist ein Tier schwerer, darf man annehmen, daß es älter ist. Allerdings verändert sich das Gewicht auch sehr mit den Jahreszeiten – ein einjähriger Igel kann im Verlauf seines zweiten Sommers, wenn er Fettreserven für den Winterschlaf anlegt, sein Gewicht verdoppeln.

Das Körpergewicht wird stark von der aufgenommenen Futtermenge bestimmt. Früh im Jahr, wenn die Fettreserven verbraucht sind und wenig natürliches Futter zu finden ist, kann es vorkommen, daß ein ausgewachsener britischer Igel nur 350 Gramm wiegt (was etwa einem 40 Kilogramm schweren Mann entspricht) und nun dringend wieder Futter braucht. In der freien Wildbahn können guternährte britische Igel bis zu 1200 Gramm oder sogar mehr wiegen; im Haus gehaltene, bei mit Futter freigiebigen Herrchen oder Frauchen, hören gar nicht mehr auf zuzunehmen. Der schwerste, den ich je sah, war Georgie mit 2,2 Kilogramm; ein absoluter Igel-Riese. Gehört habe ich von einem anderen, Fred genannt, der gerade sein achthundertstes gekochtes Ei – im Lauf seines Lebens – vertilgt hatte und es damit auf ein Gewicht von 1800 Gramm brachte. Igel auf dem europäischen Festland sind ein ganzes Stück größer, und selbst wildlebende Tiere scheinen dort ohne menschliche Hilfe ähnliche gewaltige Porportionen anzunehmen. (Das Durchschnittsgewicht eines Festland-Igels beträgt 1200–1400 Gramm, in den nord- und osteuropäischen Ländern 800–1000 Gramm.)

Haut und Stacheln

Die Stacheln sind das charakteristischste Merkmal des Igels: Sie sind einfach abgewandelte Haare, etwa 2–3 cm lang und 2 mm im Durchmesser. An einem Ende verjüngen sie sich zu einer scharfen Spitze, am anderen verschmälert sich der Stachel, biegt sich an der schmalsten Stelle, dem «Stachelhals», um etwa 60 Grad und endet dann in einem unter der Haut liegenden halbkugelförmigen Kolben.

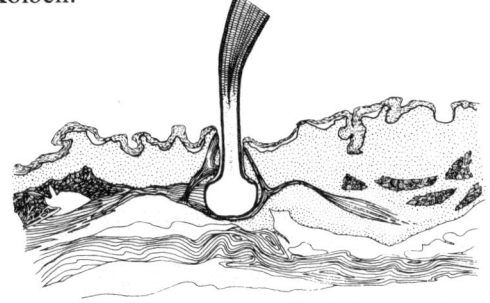

Längsschnitt durch die Igelhaut mit deutlich erkennbarem «Hals» und kolbenförmiger Basis eines Stachels, dazu die vielen kleinen in der Haut liegenden Muskeln.

Erhält der Igel einen Schlag oder fällt er schwer auf seine Stacheln, wird der Aufprall durch Biegen der federnden «Stachelhälse» abgefangen. Außerdem verhindert der unter der Haut liegende und ein breites, stumpfes Ende bildende Kolben, daß der Stachel nach innen ins Fleisch des Tieres gedrückt werden kann. Eine sehr nützliche Einrichtung.

Der Stachel ist hohl und die Innenwände entlang mit verstärkenden Wülsten versehen. Auf diese Weise entsteht eine sehr starke und starre Struktur mit nur wenig Gewicht.

ganzer Stachel   *Querschnitt eines Stachels*

Der Stachel ist cremig-weiß mit bräunlicher Verfärbung zum Ansatz hin und blütenweißer Spitze. Direkt unterhalb der Spitze verläuft ein dunkler, meist schokoladebrauner Ring, der dem Stachelkleid ein allgemein gräuliches Aussehen verleiht. Bei jungen Igeln (und manchmal auch bei älteren) ist dieser Ring fast schwarz, wodurch die Stacheln äußerst kontrastreich wirken.

Es kommt häufig vor, daß einzelne Stacheln ganz weiß sind (meist bei jüngeren Tieren), und manche Igel haben sogar größere Flecke weißer Stacheln, eine Erscheinung, die wohl erblich ist. Ab und zu gibt es auch Igel, bei denen *alle* Stacheln weiß oder gelblich sind, und die dadurch wie ein Gespenst aussehen. Aber das sind nur Farbvarianten, ansonsten sind diese Tiere ganz normal gezeichnet mit braunem Fell, dunklen Füßen und schwarzen Augen. Hin und wieder kommen auch reine Albinos vor. Diese haben keinerlei Farbzeichnung, nicht einmal eine schwarze Nase, und ihre Augen sind typisch blaßrosa.

Auf 10 000 Igel kommt kaum einer mit solch auffallend abweichender Färbung, und weiße Igel sind wohl noch seltener als weiße Maulwürfe. Während einige Säugetiere (z. B. Eichhörnchen und Mäuse) gelegentlich völlig schwarze Farbvarianten hervorbringen, gibt es das bei Igeln nie. Ich habe zwar blaue und einen orangefarbenen gesehen, aber das war das Ergebnis von «Kämpfen» mit frischgestrichenen Gartenzäunen.

Im Jahre 1898 wandte sich ein Professor Fritsch an eine wissenschaftliche Gesellschaft mit der Behauptung, im Besitz eines stachellosen Igels zu sein. Es war ein ausgestopftes Exemplar, das er ausstellte und dessen Foto er veröffentlichte. Ich habe aber den Verdacht, daß sich jemand mit dem Herrn Professor einen Scherz erlaubt hat. Sein Exemplar war zwar ein Igel – auf dem Foto sieht man die charakteristischen Zähne –, aber die «Stachellosigkeit» war wohl eher die Tat eines boshaften Tierpräparators als ein Naturphänomen. Es ist verhältnismäßig einfach, bei einem toten Igel die Stachelhaut wegzuschneiden, die verbleibenden Ränder auf dem Rücken des Tieres wieder zusammenzunähen und so den Eindruck einer ausgestopften Rarität zu erwecken, genau wie auf dem Foto des Professors.

Auf seiner Unterseite ist ein Igel selbstverständlich nicht stachelig (er könnte sich sonst nicht zusammenrollen). Brust, Kehle, Bauch und Beine sind mit einem langen und ziemlich rauhen grau-braunen Fell bedeckt. Entlang der Weichen, wo es in die Stacheln übergeht, ist es besonders lang und zottig. Dadurch entsteht der Eindruck eines Rockes, der den unteren Teil des Igelkörpers umsäumt. Das Bauchfell ist sehr spärlich, so daß man ohne weiteres auf die Haut durchblicken kann – ganz anders als bei Kaninchen oder Katzen zum Beispiel. Das macht es für Igel wohl zu einer ziemlich kühlen Angelegenheit, bei Kälte oder in taufeuchtem Gras auf Futtersuche zu gehen, zumal die mit Stacheln besetzten Teile überhaupt kein Fell aufweisen. Diese schwache Körperisolation bei den Igeln ist etwas Ungewöhnliches. Andererseits kann rauhes, spärliches Fell nicht so schlammverklebt werden wie das sonstiger Säugetiere, und außerdem sammeln sich weniger Kletten und Feuchtigkeit darin. Vielleicht überwiegen die Vorteile eines fellbedeckten Bauches, vor allem bei Tieren, die so dicht am Boden leben, die Nachteile von Wärmeverlust und anderen Unannehmlichkeiten.

Wieviel Stacheln hat der Igel?

Wenn ein Igelbaby das Nest der Mutter verläßt, hat es etwa 3000 Stacheln auf dem Rücken. Während es älter und größer wird, kommen mehr und mehr Stacheln hinzu, um eine entsprechende Dichte beizubehalten. Folglich dürfte ein durchschnittlicher ausgewachsener Igel von etwa 600 Gramm um die 5000 Stacheln besitzen. Ein sehr schweres Tier, von mehr als der doppelten Größe, bringt es auf etwa 7500 Stacheln. Mehr sind sehr unwahr-

scheinlich. Manche Bücher geben bis zu 16 000 Stacheln pro Igel an, aber das ist eine übertriebene Zahl, die wohl auf einer fehlerhaften Zählmethode beruht.

Findet beim Igel ein Haarwechsel statt?

Alle Säugetiere sind behaart und verlieren in regelmäßigen Zeitabständen diese Haare, um sie durch neue zu ersetzen. Die den Igeln verwandten Spitzmäuse und Maulwürfe zum Beispiel wechseln das Haarkleid zweimal jährlich. Das lange, dicke Winterfell wird im Frühling abgestoßen und durch das Sommerfell ersetzt. Im Herbst fällt dieses dann wieder aus und ein neues Winterfell wächst in dem Maße nach, wie längeres und dichteres Haar notwendig wird.

Der Igel legt weniger Wert darauf, sich im Winter warm zu halten und fände es sicher höchst unbequem, zweimal im Jahr seine Stacheln zu wechseln. In der Praxis haaren Igel auf dieselbe Weise wie der Mensch auch. Jeder Haar- und Stachelbalg hat seine individuelle Wachstumsgeschwindigkeit und ist nicht auf seine Nachbarn abgestimmt. Haare und Stacheln fallen also fortlaufend aus und wachsen wieder nach; jeweils ein bis zwei, und nicht in einer großen koordinierten, von der Jahreszeit abhängigen Haarung. Bei den Spitzmäusen und Maulwürfen hat das einzelne Haar eine «Lebensdauer» von nur sechs Monaten bis zum nächsten Haarwechsel. Bei einigen Säugetieren bleibt das einzelne Haar über ein Jahr bestehen. Aber ein Igelstachel «lebt» ein gutes Stück länger als ein Jahr, wahrscheinlich mehr als achtzehn Monate, bevor er endgültig ausfällt und ein Ersatz zu wachsen beginnt.

Der innere Körperbau des Igels

Anatomisch Interessantes findet sich beim Igel eigentlich nur außen, an Stacheln und Haut. Innen weist der Körper eine Reihe von Standard-Säugetierknochen auf und Eingeweide, die ziemlich unauffällig sind. Das Skelett ist tatsächlich so einfach und unspezialisiert, daß es in vielem dem des simpelsten Säugetier-Prototyps ähnelt, der vor über 50 Millionen Jahren existierte.

Alle Füße haben fünf Zehen, und das Vorderbein enthält zwei getrennte Knochen – Merkmale, die bei höherentwickelten Säugetieren verlorengegangen sind oder sich zumindest verändert haben. Die Hauptabweichung von der Norm am Skelett ist die Kürze des Halses, obwohl noch dieselbe Anzahl von Wirbeln (7) wie bei anderen Säugetieren – der Mensch eingeschlossen – vorhanden ist. Vermutlich erleichtert dies dem Igel das Zusammenrollen zu einer kompakten Kugel.

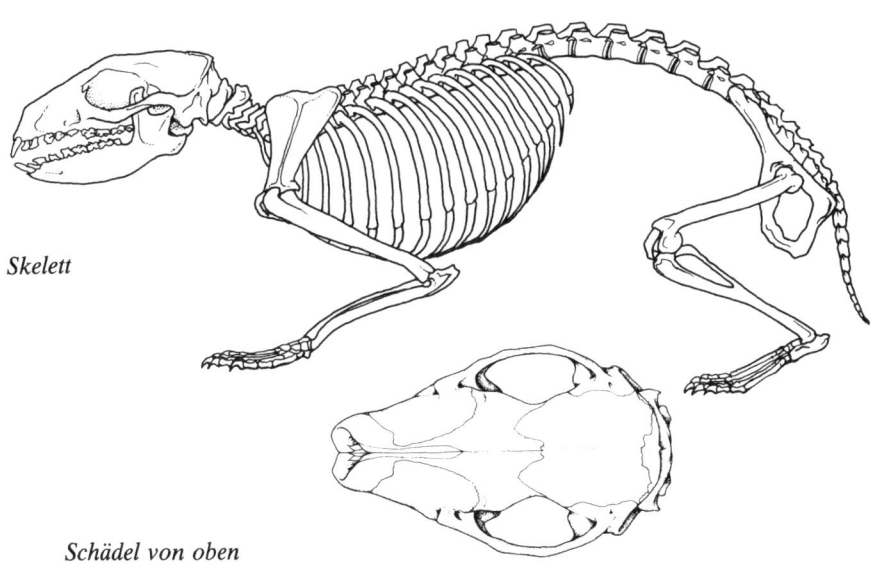

Skelett

Schädel von oben

Der Schädel ist breit und kräftig, vorne quadratisch abgeflacht mit ausgeprägten Backenknochen (im Gegensatz etwa zu dem Schädel der artverwandten Spitzmäuse und Maulwürfe). Die Zähne sind besonders merkwürdig. Die zwei großen Schneidezähne im vorderen Unterkiefer (zum Beute-Auflesen benutzt) sind fast flach und zeigen nach vorn statt nach oben. Sie bilden daher keine scharfen Beißkanten; ein Grund, warum der Igelbiß recht harmlos ist. Im Oberkiefer klafft eine große Lücke zwischen den Vorderzähnen; ein weiterer Grund, daß man sich vor Igelbissen nicht fürchten muß. Was aussieht wie große, aus dem Oberkiefer herunterragende Eckzähne, sind in Wirklichkeit spezielle Schneidezähne; echte Eckzähne liegen weiter hinten und sind verhältnismäßig klein. Die restlichen Zähne sind klein und spitz, genau das Richtige, um harte Käfer zu knacken.

Sechsunddreißig Zähne gehören zu einem ausgewachsenen Igel, Igelbabys haben weniger. Wie beim Menschen, wachsen auch dem Igel zuerst Milchzähne, die er allerdings schon mit drei bis vier Monaten restlos verliert, so daß das endgültige Gebiß lang vor dem ersten Geburtstag fertig ist. Das Fressen sandigen Futters, wie zum Beispiel Würmer, schleift die Zähne stumpf; bei älteren Tieren sind sie daher meist ziemlich abgenutzt. Allerdings findet man kaum einen Igel mit völlig abgeschliffenen oder gar fehlenden Zähnen. Sind sie erst einmal in einem solchen Zustand, taugen sie wohl nicht mehr zum Fressen, und das Tier stirbt.

Die Eingeweide des Igels brauchen uns nicht zu beschäftigen. Es genügt zu sagen, daß die Därme über einen Meter lang sind und der Magen sehr groß ist: Platz genug, um eine ordentliche Portion Nahrung zu verstauen. Der Igel scheint starke Verdauungssäfte zu produzieren, die ihm helfen, mit sehr unterschiedlicher Nahrung fertigzuwerden. Das bedeutet aber auch, daß ein toter Igel sehr schnell verwest und rasch zu stinken beginnt.

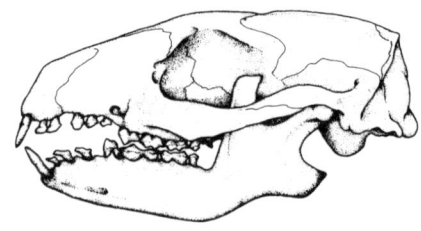

Seitenansicht des Schädels

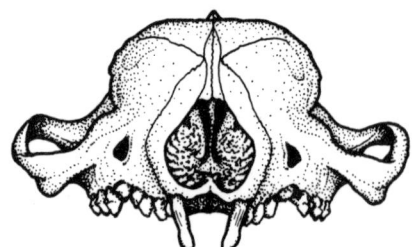

Vorderansicht des Schädels

Beißen Igel?

Ja, sie beißen, aber das ist kein Grund zur Aufregung. Es kommt so selten vor, als daß es von besonderem Interesse sein könnte. Von den Hunderten von Igeln, mit denen ich mich beschäftigt habe, haben mich nur fünf jemals gebissen. Zwei davon waren «zahme» Igel von Bekannten, die eine spezielle Abneigung gegen mich hatten, und ein anderer, eine Igeldame namens Emily, versuchte immer, mich zu beißen, wenn ich ihr Gelegenheit dazu gab. Niemals hat sie sonst jemand gebissen, nur mich, und einmal tat sie's, als ich gerade eine Fernsehaufzeichnung darüber machte, wie reizend Igel sind. Der Film zeigt, wie ich mich angeregt mit Emily unterhalte, während sie mit wilder Entschlossenheit an meinem Finger nagt! Diese Szene beweist nicht nur Haltung meinerseits, sondern auch, daß ein Igelbiß wirklich nichts Ernsthaftes ist.

Jedesmal wenn mich ein Igel biß, tat er das so langsam und mit solcher Bedächtigkeit, daß ich mehr als genug Zeit hatte, den Biß zu vermeiden, wenn ich gewollt hätte. Und selbst wenn einer eine empfindliche Stelle traf, wie die Haut zwischen den Fingern, verhinderten die schwachen, langen Kiefer und die merkwürdige Lücke zwischen den oberen Schneidezähnen, daß es jemals blutete. Selbst nach einem halbminütigen Angriff blieben nur ein paar Zahnabdrücke zurück. Die Stacheln sind unangenehmer als der Biß. Dieser ist überhaupt nicht zu vergleichen etwa mit dem Biß einer Ratte, eines Wiesels oder Eichhörnchens – die sind Profis. Sie beißen fest, hart und tief, wirklich sehr unangenehm. Was das Beißen angeht, ist der Igel vergleichsweise ein blutiger Anfänger.

Der Mechanismus des Zusammenrollens

Sich abwehrend zu einer Kugel zusammenzurollen ist eine sehr typische Seite des Igel-Verhaltens. Kein anderes Säugetier macht das so vollständig oder so wirkungsvoll. Kontraktionen bestimmter Muskeln in der Haut bringen diesen Mechanismus zustande. Zuerst zieht ein Muskelpaar die Haut nach vorne über den Kopf, ein anderes zieht sie nach hinten über das Hinterteil des Tieres. Dann setzt ein kräftiger, ringförmiger Muskel ein, der wie die Schnur an einem Kleidersack funktioniert. Er läuft am Rande der stacheligen Haut (die sehr weit und besonders bauschig ist) rings um den Körper des Tieres herum. Spannt er sich, zieht er die stacheltragende Rückenhaut nach unten und umschließt dort alles fest; Beine, Kopf und Schwanz werden mit hineingezogen. Das Ergebnis ist ein eng zusammengerollter, völlig von stacheltragender Haut umhüllter Ball. Der Kopf liegt dicht gegen den Schwanz gedrückt; es gibt keinen Eingang. Ein Igel kann stundenlang so verbleiben, ohne zu ermüden. Droht unmittelbare Gefahr, zieht er sich noch ein bißchen enger zusammen.

Zusammenrollmuskeln: Kräftige, unter der Haut liegende Muskeln ermöglichen es dem Igel, sich zu einer festen Kugel zusammenzurollen.

Als weiteres Verteidigungsmittel befinden sich an den kolbenartigen Enden der einzelnen Stacheln außerdem winzige Muskeln. Werden diese Muskeln auch noch angespannt, sträuben sich die Stacheln und stehen steif in alle Richtungen wie ein Haufen Stacheldraht. In diesem Zustand sind Igel dermaßen gut geschützt, daß sie wahrscheinlich weniger natürliche Feinde haben als irgendein anderes Säugetier dieser Größe (s. S. 114)

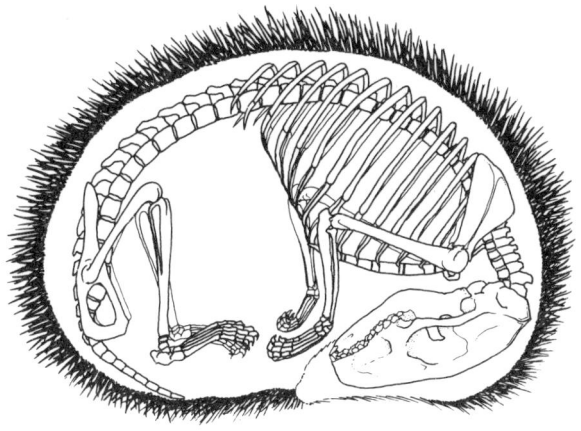

Röntgenbildartige Ansicht eines zusammengerollten Igels

Dennoch ist es für Igel verhältnismäßig ungewöhnlich, sich völlig zu einer Kugel zusammenzurollen. Sie tun es bei direkten Angriffen, manche auch, wenn sie hochgehoben werden. Als normale Reaktion auf eine Bedrohung krümmen sie sich lediglich zusammen, ziehen den Kopf ein und ziehen die Haut mit gesträubten Stacheln nach vorn, um das Gesicht zu schützen. Nur wenn ein Tier hochgenommen oder auf den Rücken gerollt wird, geht es zum nächsten Stadium über, zieht die Beine ein und die Stacheln tragende Haut fest um den ganzen Körper. Manche Igel sind erstaunlich duldsam (oder faul) und nehmen diese vollständige Verteidigungsstellung nur ein, wenn es absolut notwendig ist; vor Gefahren trippeln sie meist hastig davon, statt sich zusammenzurollen.

Flöhe

Igel haben den wohlverdienten Ruf, flohverseucht zu sein. Es ist äußerst ungewöhnlich, wenn man ein Tier findet, das völlig frei von Flöhen ist; manchmal schleppt ein einzelner Igel bis zu 500 mit sich herum. Und was die Sache besonders schlimm zu machen scheint, ist, daß das rauhe Fell und die weit auseinanderliegenden Stacheln nicht gerade dazu beitragen, die Flöhe vor unseren entsetzten Blicken zu verbergen. Weil sie derart auffällig und ständig in Bewegung sind, scheinen sie so unglaublich zahlreich zu sein. Auch wenn nur einige Flöhe vorhanden sind, was normal ist, entsteht der Eindruck, als sei der Igel mit «kleinen Freunden» überschwemmt.

Flöhe können über hundertmal so hoch springen, wie sie groß sind (bei einem Menschen entspräche das etwa der Sprunghöhe

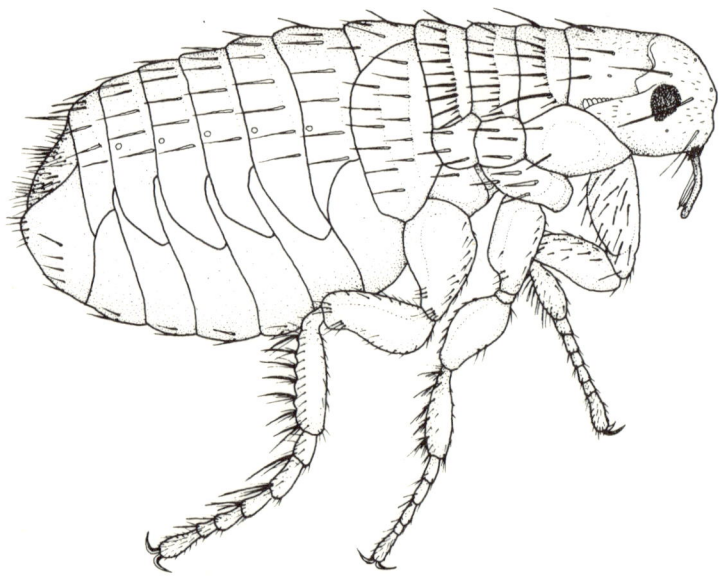

Igelfloh (100mal vergrößert)

von 180 m), aber meistens krabbeln sie nur hektisch und eilig zwischen den Bauch- und Gesichtshaaren des Igels herum. Um ihm dieses schnelle Hin und Her zu erleichtern, ist der Körper des Flohs sehr schmal, glatt und glänzend.

Nur weil Igel häufig Mengen von Flöhen haben und diese deutlich sichtbar sind, bedeutet das noch lange nicht, daß Igel als Quelle aller Flöhe angesehen werden müssen. Der Ruf, der ihnen in dieser Beziehung anhaftet, ist wirklich nicht verdient. Oft hört man Leute sagen: «Oh, mein Hund hat schon wieder Flöhe! Er muß irgendwo auf einen Igel gestoßen sein.» Das ist eine bösartig ungerechte Beschuldigung. Wenn Ihr Hund Flöhe hat, stammen sie wahrscheinlich von einem anderen Hund (oder sonst einem Säugetier). Es ist unfair, dafür immer einen Igel verantwortlich zu machen. Es gibt nur einen einzigen Weg, einigermaßen sicher zu sein, woher die Flöhe stammen: sie durch einen Fachmann identifizieren zu lassen.

So hat man zum Beispiel in Großbritannien über 50 verschiedene Floharten ausgemacht, von denen die Hälfte sich nur auf Fledermäusen und Vögeln ansiedelt. Viele der anderen sind «Wirt-spezifisch», was bedeutet, daß sie nur auf einer ganz bestimmten Tierart leben, höchst selten auf mehreren. Der Igel-Floh (wissenschaftlich *Archaeopsylla erinacei* genannt) gehört zu ihnen. Er lebt auf Igeln, manchmal auf Füchsen und sehr gelegentlich auch auf anderen Tieren. Warum das so ist, ist leicht verständlich. Die Igelhaut ist ein ganz spezieller Klein-Lebensraum. Die Flöhe sind an nackte Haut, luftige Weite zwischen den Stacheln und hartes Fell gewöhnt. Finden sie sich im dichten, warmen, lockeren Fell einer Katze oder eines Hundes wieder, muß ihnen sofort klar werden, daß sie in der falschen Umgebung sind. Es wäre, als nähme man ein Moorhuhn aus dem offenen Moor und setzte es in dichtem Baumgestrüpp aus – wie verwirrend! Folglich bleiben Igel-Flöhe nicht auf einem falschen «Wirt», sondern springen ab in der Hoffnung, wieder einen Igel zu finden. Dasselbe gilt für Igel-Flöhe, wenn sie auf einem Menschen landen. Tun sie das (besonders wenn sie zum Springen gezwungen sind, oder wenn sie den Körper eines frisch gestorbenen Igels verlassen), dann beißen sie auch; aber sie bleiben nicht lange, sondern machen sich rasch wieder auf die Suche nach einem geeigneten «Gastgeber».

Umgekehrt ist es genauso. Die Igelhaut bietet so spezielle Lebensbedingungen, daß Flöhe von anderen Spezies dort nicht leben mögen. Folglich findet man kaum einmal eine andere Flohart auf einem Igel. Ich habe über 2000 Flöhe von vielen Igeln gesammelt, und nur einer war kein spezieller Igel-Floh (es war ein Maulwurf-Floh).

Flöhe ernähren sich durch das Saugen von Blut. Manchmal, aus noch nicht ganz geklärten Ursachen, gerät ihr Verdauungssystem durcheinander, was dazu führt, daß sie Blut als braune, klebrige Masse an die Igelstacheln absondern. Das führt zu einem merkwürdigen, im Sommer zu beobachtenden Zustand: Einige Igel scheinen eine Menge Blut an den Stacheln zu haben, ohne daß eine sichtbare Verletzung der Haut zu entdecken ist, aus der es ausgetreten sein könnte.

Wie entfloht man Igel?

Wollen Sie bei Ihrem in Pflege gehaltenen Igel Flöhe loswerden, so geht das problemlos mit den in Tiergeschäften angebotenen Flohpudern. Der Puder wird leicht zwischen die Stacheln gestäubt, wobei man darauf achten muß, daß er nicht in die Augen des Tieres gerät. Sicher ist es schwierig, den Puder auf den Igelbauch zu streuen, wenn das Tier zusammengerollt ist, aber allzuviel Mühe braucht man sich damit nicht zu geben. Im Nest und auf der Schlafstelle fällt durch das Herumwandern des Igels genug Puder ab, um den verbliebenen Flöhen sehr schnell den Garaus zu machen.

In der freien Wildbahn brüten Flöhe im Nest, nicht am Igelkörper selbst. Flohlarven wachsen in der Auskleidung des Nestes heran, daher ist es keine schlechte Idee, wenn Sie einen Igel über längere Zeit in Pflege halten, ab und zu das Lager auszuwechseln, um diese Untermieter loszuwerden.

Manche Leute befürchten, es könnte einem Igel schaden, wenn man ihn von seinen Flöhen befreit. Aber inwiefern sollte es das? Hätten Sie bei sich selbst etwa Einwände? Und da Igel gegenüber ihren Flöhen (selbst in Mengen) völlig gleichgültig sind, ist anzunehmen, daß auch deren Abwesenheit nicht als übermäßig störend empfunden würde.

Igel in Neuseeland haben keine Flöhe.

Ein unangenehmes Problem

Es gehört mit zu den unangenehmsten und bestürzendsten Erlebnissen, wenn man einen Igel findet, in dessen Haut, besonders um die Augen herum, kleine Maden sitzen. Der Anblick ist schlichtweg ekelhaft und leider gar nicht einmal so selten, besonders bei kränklichen Igelbabys im Spätsommer.
 Folgendes scheint zu geschehen: Der Igel ist aus irgendeinem Grunde krank, wird teilnahmslos, seine Körpertemperatur sinkt, und Fliegen, die ihn irrtümlicherweise für tot halten, legen auf ihn ihre Eier (manchmal entdeckt man diese kleinen weißen Dinger im Fell; sie sollten immer mit verdünntem Desinfektionsmittel betupft und dann ausgekämmt werden). Es kann vorkommen, daß aus diesen Eiern Larven schlüpfen, noch ehe der Igel tatsächlich tot ist, was zu dem betrüblichen Anblick eines madenzerfressenen Tieres führt. Selbst wenn das Tier seine Misere überhaupt nicht zu beachten scheint, ist es vermutlich für den Igel oft sicher das beste, wenn man ihn einschläfert, besonders wenn auch die Augen befallen sind. Durch sorgfältiges Säubern mit einem Desinfektionsmittel kann die Lage eventuell verbessert werden, aber wahrscheinlich stirbt der Igel trotzdem aus anderen Ursachen. Es muß nicht unbedingt sein, aber die Aussichten stehen schlecht.

Zecken und ihre Entfernung

Zecken sind entfernte Verwandte der Spinnen. Ausgewachsen haben sie einen glänzenden, grauen, kugelförmigen Körper von etwa 1 cm Länge. Vorne finden sich acht winzige Beine und Mundwerkzeuge, die in die Igelhaut gebohrt werden, um Blut zu saugen. Man kann diese gräßlichen Tierchen zum Loslassen und Abfallen bringen, indem man das hintere Ende mit einer brennenden Zigarette berührt. Man kann sie auch mit Hilfe einer Pinzette entfernen, aber dazu braucht es Übung, sonst bleibt der Kopf in der Haut des Igels stecken. Damit eine solche Panne nicht zu einer entzündlichen Wunde wird, sollte die Haut mit Alkohol oder Desinfektionsmittel betupft werden. Manchmal bringt auch schon das Betropfen mit einem Desinfektionsmittel, Baby- oder Speiseöl die Zecke zum Abfallen.

Tut man nichts, ernähren die Zecken sich eine Weile vom Blut des Igels und fallen dann von allein ab. Es ist aber besser, den Igel davon zu befreien und die Zecken zu vernichten, damit sie nicht auf andere Haustiere übergehen.

Es kommt häufig vor, daß auf einem Igel gleichzeitig mehrere Zecken sitzen, doch manchmal findet man überhaupt keine. Ab und zu entdeckt man auch junge Zeckenlarven: kleine, flache, orange-braune Dinger. Im Gegensatz zu Flöhen krabbeln und springen sie nicht herum. Man kann sie mit einer Pinzette entfernen. Der Igel selbst unternimmt, wie auch bei Flöhen, keinerlei eigene Versuche, sich von diesen «mitfahrenden Passagieren» zu befreien. Ein sehr zahlreicher Zeckenbefall von über 70–100 Stück findet vermutlich nur bei geschwächten Tieren statt und kann zum Tod führen.

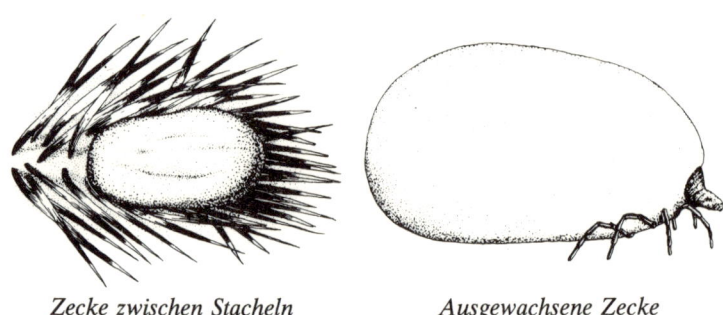

Zecke zwischen Stacheln   Ausgewachsene Zecke

Lautsprache der Igel

Normalerweise sind Igel stumm, abgesehen von einem leisen Fiepen und Schnüffeln bei der Futtersuche. Lauteres Schnaufen begleitet das Geschwätz während der Paarungszeit (S. 57). Bei seltenen Gelegenheiten stößt der Igel allerdings auch die fürchterlichsten Töne aus. Ich persönlich habe das erst zweimal erlebt; beide Male hatten die Tiere Angst vor dem Angefaßtwerden – obwohl ich ihnen bestimmt nicht wehtat. Der Schrei war weiß Gott markerschütternd und dient wohl gelegentlich dazu, einen räuberi-

schen Angreifer in die Flucht zu schlagen. Junge Igel geben manchmal piepsende Laute von sich, und kürzlich hörte ich, wie ein Jungtier (kaum dem Nest entwachsen) eine ganze Reihe sehr lauter, vogelähnlicher Zwitscherlaute ausstieß. Dies ist der Ruf nach der Mutter von allein gelassenen Igelsäuglingen und Jungigeln. Ist die Mutter in der Nähe, eilt sie herbei, um ihr außerhalb des Nestes geratenes Junges aufzunehmen und ins Nest zurückzubringen.

Vor einiger Zeit wurde berichtet, daß männliche äthiopische Igel beim Umwerben eines Weibchens ein richtiges kleines «Lied» zwitschern; dieses Verhalten wurde aber noch nie bei europäischen Igeln festgestellt.

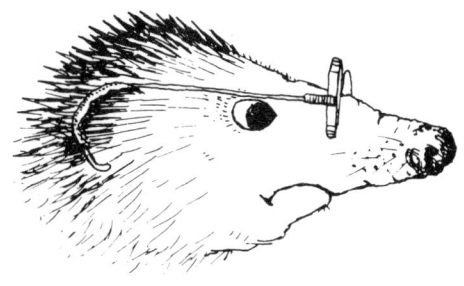

Die Sinne des Igels

Wir Menschen hängen, um unsere Umwelt wahrzunehmen, in hohem Maße von den Augen ab. Die meisten unserer geistigen Bilder sind visueller Natur, und daher dürfte es uns schwerfallen, uns in das Leben eines Igels hineinzuversetzen, in dem Sehen verhältnismäßig unwichtig ist, der Geruchssinn aber an erster Stelle steht.

Ganz sicher sind Igel nicht blind; die kleinen, schwarzen Augen können Ihr Näherkommen selbst bei Dunkelheit aus ziemlicher Entfernung wahrnehmen. Es gelingt ihnen auch, auffällige landschaftliche Markierungen, wie Bäume und Häuser, zu erkennen. Wahrscheinlich werden diese als deutliche, sich gegen den Himmel abzeichnende Formen wahrgenommen. Mit Augen so nahe über dem Erdboden wird wohl praktisch alles derart gesehen. Der Mechanismus des Igelauges wirkt in der Weise, daß es Dinge direkt vor der Nase wahrnehmen kann, aber wohl nicht sehr scharf und bestimmt nicht in allen Farben. Vermutlich sieht der Igel die Welt wie durch eine alte Boxkamera: begrenzter Gesichtskreis, auf Braun- und Cremetöne beschränkt. Bei Tageslicht arbeiten die Augen etwas besser und können sogar einige Farben unterscheiden, aber da Igel Nachttiere sind, kommt das natürlich nicht oft zum Tragen.

Normalerweise verläßt sich der Igel bei der Suche nach Nahrung oder Sonstigem hauptsächlich auf seine Nase und gibt dadurch die Gewohnheit weitgehend auf, häufig seine Augen zu benutzen. Darum wirkt sein Verhalten auf uns manchmal kurz-

sichtig und dumm, wenn er zum Beispiel an einem leckeren Bissen vorbeitrippelt oder mit dem Kopf voraus auf eine drohende Gefahr zuläuft, ganz offensichtlich ohne zu merken, was er tut.

Das Riechen ist immens wichtig: Hauptsächlich durch seinen Geruchssinn findet der Igel Futter, erkennt er andere Igel, wird er vor Gefahren gewarnt (bei günstigem Wind kann er einen Menschen über viele Meter hinweg ausmachen). Wohin der Igel auch immer geht, stets schnüffelt er am Boden oder streckt die Nase witternd gen Himmel. Noch unter einer 3 cm dicken Erdschicht kann er Futter riechen. Die «Riechzentren» im Gehirn des Igels sind groß, was auf ihre Wichtigkeit hinweist. Es ist ziemlich sicher, daß die Nase in seinem sozialen Gefüge eine Hauptrolle spielt, indem sie hilft, andere Igel selbst auf Entfernung zu erkennen und das Geschlecht und die Rangordnung zu unterscheiden – so wie wir es mit unseren Augen tun.

Viele andere Nachttiere haben lange, empfindliche Barthaare, beim Igel jedoch, obwohl auch ihm ein paar Tasthaare um die Schnauze herum wachsen, sind sie weder ausgeprägt noch für sein Leben von Bedeutung.

Mit den Ohren ist es anders. Sie sind zwar klein (nur etwa 1 cm lang) und stehen kaum aus dem Fell heraus, aber sie sind äußerst empfindlich. Sie spielen eine wesentliche Rolle beim Aufstöbern von Beute. Für einen Igel kriecht wohl selbst ein Wurm noch lärmend daher. Igel können eine weite Skala von Lauten unterscheiden, und ihre Fähigkeit, hohe Töne wahrzunehmen, entspricht in etwa der unsrigen. Sie sind besonders empfindlich gegen abrupte, vor allem klickende Geräusche. Ein Händeklatschen läßt sie sofort zusammenzucken, und der Ton eines Kameraverschlusses genügt für gewöhnlich, um Igel mit einer heftigen Bewegung den Kopf einziehen und die Stacheln aufstellen zu lassen – und schon hat man ein unscharfes Foto.

Der merkwürdige Fall Nr. 28

Nr. 28 war einer der Igel, denen wir während unseres Garten-Tests (siehe Seite 81) mittels Radio-Sender folgten. Er war nahezu blind. Auf den Strahl einer Taschenlampe zeigte er keine Reaktion, immer wieder lief er uns über die Füße und rannte einfach in Hindernisse hinein. Wenn er zu einem bestimmten Freßnäpfchen strebte, das auf einer Terrasse stand, fiel er manchmal einfach hinunter. Normalerweise betrat und verließ er den Garten durch die Gartenpforte, aber wenn sie geschlossen war, lief er erst einmal voll dagegen, ehe er sich zur Seite wandte und unterm Zaun durchschlüpfte. Von all den Igeln, die wir beobachteten, hätte er am ehesten von Futter abhängig werden müssen, das ihm freundliche Leute hinstellten. Mehr als von allen anderen hätte man von ihm erwartet, daß er in nächster Nähe des Schüsselchens lebte. Aber weit gefehlt! Er legte beachtliche Strecken (mindestens 2 Kilometer pro Nacht) zurück, und das oft mit sehr hoher Geschwindigkeit. Seine Beinchen bewegten sich dann so schnell, daß sie nur noch unscharf zu erkennen waren und wir kaum mit ihm mithalten konnten. Regelmäßig und mit Heftigkeit umwarb er Igelweibchen, und einmal vertrieb er sogar einen Widersacher, der meinte, im Freßnäpfchen sei genug für zwei. Kurz gesagt, er schlug sich, trotz seiner Behinderung, sehr tüchtig durchs Leben.

Können Igel schmecken?

Ja, das können sie auf jeden Fall, allerdings scheinen sie – nach unserem Geschmack – nicht besonders wählerisch zu sein. So fressen sie zum Beispiel stark verweste Sachen, aber vielleicht entspricht das unserer Freude an «duftendem» Käse. Sie verachten auch keineswegs Tausendfüßler und bestimmte Käfer, die eine widerliche chemische Substanz ausscheiden, um sich vor eben einem solchen Schicksal zu schützen. Manche in Pflege gehaltene Igel werden allerdings sehr wählerisch und entwickeln recht anspruchsvolle Freßgewohnheiten, die für ihre Betreuer zum Problem werden können; so kann ein Igel sich zum Beispiel weigern, irgend etwas anderes anzunehmen als leckere (und teure) Mehlwürmer.

Sind Igel intelligent?

Grundsätzlich muß die Antwort auf diese Frage «nein» lauten, wobei es freilich darauf ankommt, was wir unter «intelligent» verstehen. Ganz sicher besitzen Igel keine Denkfähigkeit, und man kann von ihnen nicht erwarten, daß sie bestimmte Aufgaben lösen, wie etwa Schimpansen das tun. Überwindet ein Igel eine Reihe von besonderen Schwierigkeiten, so beruht das eher auf Zufall oder einem Herumprobieren. Es ist unwahrscheinlich, daß er sich die Lösung merkt und sie noch einmal anwendet.

Andererseits können zahme Igel doch einige einfache Dinge lernen, etwa zwischen einer schwarzen und einer weißen Klapptür zu unterscheiden, wenn das Futter immer hinter die eine und nie hinter die andere gestellt wird. Ebenso sind sie fähig, verschiedene Formen und Zeichen auseinanderzuhalten; aber das nur in begrenztem Maß. Manche Igel lernen auch zu kommen, wenn man sie sanft bei ihren Namen ruft. Wenige Versuche wurden unternommen, Igeln darüber hinaus noch mehr beizubringen, und es gibt keine Berichte, aus denen man schließen könnte, daß Igel mehr Fähigkeiten besitzen als Ratten.

Es stimmt völlig, daß der einzelne Igel in seinem Verhalten und seinem Charakter sehr verschieden ist. Das ist wahrscheinlich ein wichtiger Aspekt seines Sozialverhaltens in freier Wildbahn. Bei in Gefangenschaft lebenden Igeln ist bemerkenswert, daß manche von Anfang an zahm sind, während andere sich nie auch nur entrollen, ohne größte Anzeichen von Nervosität zu zeigen. Manche in Pflege gehaltene Igel verhalten sich ähnlich wie Hunde und Katzen, indem sie ihrem vertrauten Betreuer ganz zutraulich, Fremden aber sehr verschlossen begegnen. Selbst Igel aus demselben Wurf wachsen charakterlich verschieden heran.

Es gibt zahlreiche Berichte, die beweisen, daß Igel ein recht gutes Erinnerungsvermögen besitzen, besonders was Orte angeht. So wurde zum Beispiel ein Tier, das daran gewöhnt war, im Haus zu leben, immer an der gleichen Stelle zu schlafen und regelmäßig in der Nähe des Küchenherdes gefüttert zu werden, für mehrere Monate zu anderen Leuten in Pflege gegeben. Nach seiner Rückkehr verhielt es sich, als sei es niemals fortgewesen, und es wußte sofort, wo sein Lager und sein Näpfchen standen.

Es ist interessant, daß Erinnerungen den Winterschlaf überdauern. Während des Winters ist das Gehirn fast vollständig ausgeschaltet und untätig (anders als unser Gehirn beim Schlafen), dennoch zerstören die drastischen Veränderungen in Temperatur und Aktivität nicht den wie auch immer gearteten Mechanismus, der für das Überdauern von Erinnerungen verantwortlich ist.

Merkwürdiges Verhalten: Selbstbespeicheln und andere seltsame Vorgänge

Eine der außergewöhnlichsten Verhaltensweisen, die Igel zeigen, ist wohl die, die man als «Selbstbespeicheln» bezeichnet. Plötzlich gibt ein Igel sein normales Verhalten auf und beginnt, schaumigen Speichel in großen Mengen zu produzieren. Von lautem Schmatzen begleitet, schleudert er diese schaumige Masse dann mit Hilfe der Zunge auf Rücken und Flanken. Um auch schwierigere Stellen zu erreichen, wie etwa die Rückenmitte, dreht und krümmt er sich auf geradezu groteske Weise, und streckt dabei die Zunge unglaublich weit aus der Schnauze. Manchmal dauert dieses Einspeicheln nur ein oder zwei Minuten, hin und wieder aber ist der Igel wie ein Besessener davon in Anspruch genommen, er vergißt alles um sich her und hört erst nach zehn Minuten oder länger ganz plötzlich damit auf, um sich wieder seiner normalen Tätigkeit zu widmen.

Das Ganze ist eine recht seltsame Darbietung, nach der das Tier schaumbefleckt ist wie von Seifenlauge. Es ist noch unklar, wodurch dieses Verhalten ausgelöst wird. Häufig setzt es ein,

wenn der Igel etwas Aromatisches, wie Möbelpolitur oder einen Zigarrenstummel, riecht oder zerkaut. Zahme Igel legen oft nach kurzem Knabbern an Schuhleder damit los. Aber in freier Wildbahn treffen Igel ja nicht unbedingt auf diese Stimulanzien, also sind die Auslöser wohl etwas anderes. Jedenfalls ist das Vorhandensein einer speziellen chemischen Substanz nicht wesentlich, manchmal genügt schon destilliertes Wasser. Dennoch scheint es, daß manche Igel dieses Einspeicheln nicht ausüben. Es ist alles sehr verwirrend.

Zur Erklärung dieses heftigen und schmuddeligen Verhaltens sind verschiedene Theorien vorgebracht worden, von denen die meisten aber nicht sehr plausibel klingen. Der Gedanke, daß es eine Methode zur Flohentfernung sei, scheint nicht zutreffend – oder wenn doch, so funktioniert sie zumindest nicht. Flohübersäte Igel bespeicheln sich nicht häufiger; genaugenommen beobachtet man es sogar besonders bei im Hause lebenden Igeln, die von ihren Betreuern ja sicher peinlich sauber gehalten werden.

Durchkauen von Leder löst oft das Selbstbespeicheln aus

Eine weitere, kürzlich vorgebrachte Idee besagt, daß das Einspeicheln durch Kauen von Krötenhaut ausgelöst wird (richtig) und daß diese giftige Substanzen enthält (richtig). Der Sinn der Sache wäre, dieses mit dem schaumigen Speichel des Igels vermischte Gift der Krötenhaut über die Stacheln zu verteilen. Jede einzelne Stachelspitze wäre so mit Gift überzogen, was ihren Verteidigungswert natürlich gewaltig erhöhte. Obwohl diese Theorie richtig sein kann (und ihr Vertreter lieferte insofern experimentelle Beweise, als er sich sowohl saubere als auch «giftige» Stacheln in die eigene Haut stach, um die verschiedene Wirkung zu vergleichen), ist sie wohl doch nicht die vollständige Erklärung für das Selbstbespeicheln. Erstens einmal brauchen Igel nicht unbedingt Krötenhaut, sondern bespeicheln sich auch nach der Berührung mit völlig harmlosen Materialien. Außerdem sind die Stacheln eines Igels sowieso schon ein äußerst wirksamer Schutz.

Ich glaube, daß Einspeicheln mit Geruch zusammenhängt. Angenommen, der Speichel enthält ein Pheromon, einen Duftstoff, der für andere Igel ein Erkennungszeichen ist. (Das ist gut möglich: Eber zum Beispiel haben Duftstoffe im Speichel.) Wird der Schaum über den Körper verteilt, wirken Stacheln und Fell wie eine Art «Duftstoff-Tampon» und verströmen den Duft in die Luft (Motten besitzen spezielle fedrige Strukturen, die diese Funktion ausüben). Igel könnten also auf diese Weise anderen Tieren ihrer Gattung ihr Vorhandensein und ihre Gebietsansprüche verkünden oder einen Gefährten anlocken. Und sollten sich auch Angreifer angezogen fühlen, so wirkt die Stachelhaut als hinlängliche Verteidigung. Diese Theorie fügt sich gut ein in das, was wir über die sozialen Lebensgewohnheiten von Igeln wissen, obwohl es schwierig zu erklären ist, warum das Einspeicheln nicht nur bei beiden Geschlechtern, sondern speziell auch bei jungen Igeln vorkommt.

Dieses Gebiet muß ganz offensichtlich noch viel genauer untersucht werden. Alles, was wir mit Sicherheit sagen können, ist, daß Selbstbespeicheln wohl einzig bei Igeln vorkommt, und daß dieses so komplizierte und kraftaufwendige Benehmen einen Sinn haben muß – nur welchen, das wissen wir nicht.

Im-Kreis-Rennen

Ein weiteres merkwürdiges über Igel berichtetes Verhalten ist das Im-Kreis-Rennen; nicht zu verwechseln mit dem üblichen schnaubenden, kreisförmigen Walzer, den ein Igelpaar vor der Paarung aufführt. Beim Im-Kreis-Rennen folgt der Igel – rennend, nicht gemächlich schlurfend –, einer Kreisbahn von 10–15 Metern Durchmesser. Es ist immer ein Lauf, der von einem einzelnen Tier allein ausgeführt wird. Ohne offensichtliche Langeweile oder sich seines Tuns bewußt zu sein, dreht der Igel Runde um Runde. Das kann eine Stunde oder länger so gehen, manchmal mehrere Nächte hintereinander.

Manche sagen, es sei ein Zeichen von Frustration. Aber dann müßten in Unfreiheit gehaltene Igel es viel häufiger praktizieren. Witzbolde behaupten, daß Igel deshalb im Kreis laufen, weil ihre linken Beine kürzer seien als die beiden anderen.

Solch aufgedrehtes Verhalten ist bestimmt nicht normal und nicht in Zusammenhang zu bringen mit den ansonsten allgemein stoischen Gewohnheiten der Igel. Könnte es eine Art abnormales, durch Krankheit hervorgerufenes Verhalten sein? Eine Infektion, zum Beispiel, könnte den Gleichgewichtssinn durcheinanderbringen und eine Störung der linearen Fortbewegungsfähigkeit verursachen, so wie das bei Trunkenheit der Fall ist. Aber Betrunkene rennen nicht, schon gar nicht in endlos gleichen Kreisen. Dennoch könnte Krankheit des Rätsels Lösung sein.

Möglicherweise ist es von Bedeutung, daß von diesem Im-Kreis-Rennen erstmals in den 60er Jahren berichtet und es seither auch häufig beobachtet wurde. In früheren Büchern über Igel wird es nicht erwähnt, trotz ausführlicher Besprechungen anderer Gewohnheiten. Haben frühere Autoren dieses besondere, auffallende und rätselhafte Tun einfach übersehen, oder haben Igel erst kürzlich damit angefangen? In den 60er und 70er Jahren wurden große Mengen zunehmend verschiedenartiger Chemikalien gegen Ungeziefer im Garten verwendet. Diese Mittel sind angeblich unschädlich, aber sie wurden nur an einer begrenzten Auswahl von Tieren (der Igel ist nicht darunter) getestet. Es ist allgemein bekannt, daß gewisse Chemikalien eine Tierart angreifen, eine andere aber nicht. Könnte das Im-Kreis-Rennen Symptom einer Art Vergiftung sein? Wir wollen hoffen, daß dem nicht so ist, sondern daß es sich nur um ein weiteres Stück geheimnisvollen Igelverhaltens handelt, das der Untersuchung bedarf.

Des Igels Speiseplan: Naturkost

Heutzutage müssen sich Igel zum großen Teil von Futter ernähren, das man ihnen in Gärten hinausstellt (die Fütterung von Igeln im Garten und solchen in Gefangenschaft wird auf den Seiten 92 und 72 ausführlich besprochen). Indes, ihre normale Ernährungsweise sieht anders aus: sie durchstöbern das Gelände peinlich genau, bohren die Nase in Grasbüschel und Erdspalten auf der Suche nach irgend etwas Freßbarem. Feuchtes, abgeweidetes Grasland gehört mit zu den besten Jagdgründen, und Igel legen ziemliche Entfernungen zurück, um zu einem guten Futterplatz zu gelangen.

Im Dunkeln ist es schwierig festzustellen, was ein Igel frißt, aber eifrig knirschendes Kauen deutet darauf hin, daß da gierig ein Käfer verzehrt wird, während sabberndes Schmatzen eher auf Regenwürmer oder Schnecken schließen läßt. Genaue Betrachtung des fingergroßen, schwarzen Kots, der so oft auf unseren Wiesen liegt, zeigt glänzende Käferteilchen – ein Hinweis, daß diese Insekten besonders häufige Beutestücke sind.

Igelkot

Eine Studie von Dr. Derek Yalden von der Universität Manchester (noch immer die einzige detaillierte Untersuchung über die Ernährung britischer Igel) führt all die identifizierbaren Gegenstände auf, die sich in den Mägen von 137 Igeln befanden, die von Wildhütern erlegt oder von Autos überfahren auf Straßen gefunden wurden. Dreiviertel der Mägen enthielten Maikäfer, Rüsselkäfer und Mistkäfer: Zeugnis dafür, welch wichtigen Stellenwert diese in der Ernährung der Igel einnehmen. Über die Hälfte der Mägen waren voller Ohrwürmer; Raupen und Schnecken waren ebenfalls häufige Beute. Manche Igel hatten in kurzer Zeit riesige Mengen davon verschlungen: 63 Raupen in einem Fall, in einem anderen 22 Ohrwürmer und in einem weiteren 75 Käfer. All diese Insekten stünden an oberster Stelle der «Abschußliste» eines jeden Gartenbesitzers. Igel sind also ganz offensichtlich äußerst nützlich in Gärten und landwirtschaftlich genutzten Gebieten. Ein einzelner Igel kann ein gutes Hundert solcher wirbellosen Tiere während einer nächtlichen Futtersuche vernichten – und Tausende pro Jahr.

Natürlich werden oft Regenwürmer gefressen, aber auch – was erstaunlicher ist – zahlreiche Tausendfüßler, die ein scheußlich schmeckendes Sekret ausscheiden, das sie vor dem Gefressenwerden schützen soll. Auch Spitzmäuse lehnen hin und wieder einen Tausendfüßler nicht ab, aber Igel verschlingen sie gierig und mit größtem Genuß, zusammen mit eigentlich «ekelhaften» Laufkäfern. Es ist nicht so, daß Igel keinen Geschmackssinn haben, sie stören sich nur einfach nicht an dieser chemischen Verteidigungswaffe. Es könnte sogar sein, daß es genau diese Sekrete durch ihren starken Geschmack und Geruch sind, die dem Igel helfen, das Tier zu finden, das sie absondert: ein Antischutz also.

Kurz gesagt: Es scheint, daß Igel einfach alles Verzehrbare fressen, das sie finden, wobei es allerdings doch bemerkenswerte Ausnahmen gibt. So scheinen sie sehr wenig Lungenschnecken zu sich zu nehmen, wahrscheinlich weil die Kiefer mit dem Schneckenhaus nicht fertigwerden können.

Auch Hundertfüßler rühren Igel kaum einmal an, wohl weil sie beißen und auch zu schnell sind. Heuschrecken tragen, trotz ihrer großen Anzahl, wenig zur Ernährung des Igels bei; wiederum wohl deshalb, weil sie zu schnell davonhüpfen können.

Mäuse und Wühlmäuse stehen vermutlich auch häufig auf dem Speiseplan, vor allem Nestlinge. Alttiere werden ebenfalls verzehrt, entweder als Aas oder auch als Lebendbeute, wenn sie ausweglos in die Enge getrieben sind (z.B. unter einem Schuppen). Spitzmäuse und Maulwürfe gehören weiter zur Igelnahrung, trotz ihrer unangenehmen Hautdrüsen (deshalb spielen Katzen meist auch nur mit dieser Beute und fressen sie nur ganz selten). Der Igel ist allerdings kein «Mäusefänger», denn bereits seit den Dreißigerjahren haben Igelforscher festgestellt, daß ein

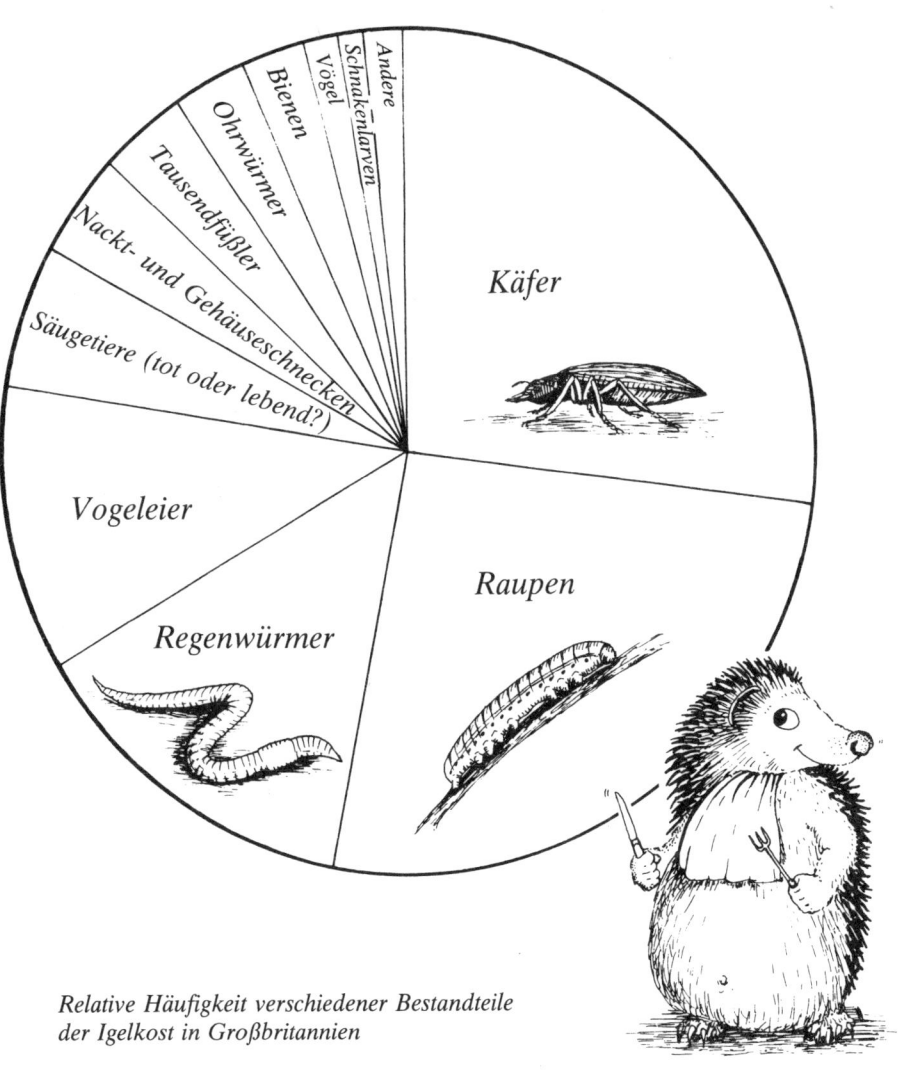

Relative Häufigkeit verschiedener Bestandteile der Igelkost in Großbritannien

Igel niemals eine gesunde, flinke Maus erwischte, auch wenn man ihn mit mehreren tagelang einsperrte. Eine «Futterquelle» kann ein Igel daher nur an einer sich mühsam dahinschleppenden, kranken oder toten Maus finden.

Neun von Derek Yaldens Igeln hatten Teile eines Kaninchens verspeist, die jedoch wahrscheinlich von einem schon tot herumliegenden Tier stammten. Dennoch gibt es die erstaunlichsten Geschichten über Igel, die Kaninchenjunge, Ratten und Hühner jagten und sogar töteten. Das zu glauben fällt freilich schwer, einmal, weil der Igel dafür gar nicht schnell genug laufen kann, und zum anderen, weil seine Kiefer und Zähne nicht stark genug sind, um ihn zum Fleischfresser großen Stils zu machen. Allerdings sind Kaninchenbabys ziemlich töricht, und wenn ein Igel es erst einmal geschafft hat, sich ein solch unvorsichtiges Junges zu greifen, kann er wohl auch dran bleiben, sich auch eventuell um sein Opfer rollen und es auf seine Stacheln aufspießen.

Ein großes Rätsel ist auch, warum Igel kaum einmal Landasseln fressen. Das ist merkwürdig, da Asseln sehr häufig vorkommen, vor allem in Gärten. Sie können nicht zu schlecht schmekken, denn Spitzmäuse mögen sie recht gern. Auch daß sie zu klein sind, kann nicht der Grund sein, denn Igel verzehren oft winzige Käfer und Weberknechte, die viel weniger Fleisch an

sich haben als Landasseln. Vielleicht ist es für Igel einfach zu schwierig, sie aufzulesen und zwischen die Zähne zu bekommen. Ein paar einfache Beobachtungen sollten diese Punkte klären können.

Oft verschlucken Igel zusammen mit Würmern und anderer Beute Grasstückchen und hin und wieder ein Blatt. Auch überreife Früchte und natürlich Brot und Milch (siehe Seite 98) nehmen sie zu sich, aber sie leben hauptsächlich von tierischer Nahrung. Diese beinhaltet vor allem die obenerwähnten wirbellosen Tiere, aber auch Wirbeltiere wie Eidechsen und gelegentlich einen Frosch.
    Zweifellos wird ein räuberischer Charakterzug geweckt, wenn Igel auf die Jungvögel von Bodenbrütern stoßen. Möve, Seeschwalbe, Jagdvogel und bestimmt Pieper und Feldlerche: sie alle verlieren einen Teil ihrer Brut an Igel. Auch die Eier frißt der Igel, wobei er meist ein Durcheinander von zerbrochenen, zerstampften, mit Eigelb und Nestauskleidung vermischten Schalen zurückläßt. Genau wegen dieser Plünderungszüge betrachten britische Wildhüter den Igel als Feind. Aber jede eingehende Studie hat klargemacht, daß Igel unerhebliche Räuber sind. Sie sind vielleicht für zwei oder drei Prozent der verlorenen Gelege verantwortlich. Das ist ein Zehntel dessen, was Füchse stehlen, und rechtfertigt wirklich nicht das von unseren britischen Wildhütern veranstaltete Theater.

Igel, Konservendosen und Trinkbecher

Unlängst wurde in der Presse von einigen Igeln berichtet, die entdeckt hatten, daß Angestellte eine Menge gebrauchter Tee- und Kaffee-Wegwerftassen aus Plastik im Gelände eines staatlichen Forschungsinstituts zurückließen. Diese Tassen enthielten einen köstlich süßen und sahnigen Bodensatz, der die Tiere natürlich dazu verlockte, den Kopf in das Gefäß zu stecken, um diese Reste aufzulecken. Aber die Stacheln des Igels, ist er erst einmal drin, pressen sich fest gegen die Tassenwände, um so fester, je tiefer er hineinkriecht, um auch den letzten Tropfen herauszuholen. Versucht der Igel dann, den Kopf wieder herauszuziehen, verklem-

men sich die Stacheln in der Tasse, und er sitzt fest – die Tasse über den Kopf gestülpt. So wurde von einer Anzahl Igel berichtet, die verwirrt und behelmt umherwanderten. Ein ähnlicher Pechvogel tauchte in Orkney auf: sein Kopf steckte in einem Joghurtbecher.

Mit der Zeit könnte ein Igel wahrscheinlich mit seinen Vorderpfoten die meisten Wegwerf-Plastiktassen und -becher auf- und losreißen, aber mit Büchsen schafft er das nicht. Unzählige Konservendosen werden alljährlich von gedankenlosen Picknickmachern weggeworfen. Die Dosen enthalten nicht nur schmackhafte, dem Igel sehr willkommene Reste, sondern sie haben auch einen rauhen, gezackten Rand, der die Stacheln wie ein Kragen umspannt und es dem Igel unmöglich macht, den Kopf aus bestimmten Büchsengrößen wieder herauszubekommen. Im Museum von Bexhill gibt es einen großen ausgestopften Igel, der neben einer offenen weggeworfenen Sahnebüchse liegt, die sein Untergang war. Die Moral dieser Geschichten ist natürlich, daß wir weniger achtlos mit unseren Abfällen sein sollten.

Fortpflanzung und Aufzucht

Die Fortpflanzungsperiode der Igel dauert etwa von April bis September. Die Hauptzeit liegt im Mai und Juni, wenn die Nächte warm sind. Um diese Zeit können Sie im Garten am ehesten das laute rhythmische Schnauben «werbender» Igel hören. Die Geräusche sind so laut, daß schon oft Leute davon aufgewacht und ans geöffnete Schlafzimmerfenster getreten sind, um nachzusehen, was denn da in den Blumenbeeten vor sich ging.

Stetig umkreist das Männchen, sie immer wieder «anstupsend», die Igelin

«Werbung» ist ein recht großartiger Ausdruck für etwas, das eigentlich eine ziemlich mürrische und langwierige Angelegenheit ist. Folgendes spielt sich ab: Der männliche Igel beginnt das auserwählte Weibchen zu umkreisen. Dieses dreht dem Freier mit eigensinniger Beharrlichkeit immer wieder die Flanke zu. Unbeeindruckt setzt er seine Werbung fort, während sie ihn beständig abweist. Runde um Runde umkreist sich das Paar. Dieses «Igelkarussell» kann sich über Stunden hinziehen, allerdings endet es meist abrupt und vorzeitig, indem eines der Tiere wegläuft. Das ganze Spektakel wird von dem charakteristischen, regelmäßigen Schnauben und Schnaufen begleitet, das hauptsächlich die Igelin von sich gibt, wenn sie das Männchen abwehrt; manchmal schnaubt auch der männliche Igel.

Es erstaunt nicht, daß all dieser Lärm Aufmerksamkeit erregt; und zwar nicht nur bei den aus dem Schlaf gerissenen Hausbewohnern. Häufig erscheinen andere Igelmännchen auf der Bildfläche, um vielleicht ein Stück des Geschehens mitzubekommen. So wird die «Werbung» oft durch die Ankunft eines neuen Freiers gestört und eine kurze Unterbrechung tritt ein, während derer man sich mit dem Neuankömmling befaßt. Die beiden Männchen pflanzen sich voreinander auf, führen eventuell ein paar Kopfstöße aus und schubsen sich gegenseitig herum: Ab und zu wird der eine oder andere in die Flucht geschlagen. Manchmal gewinnt der Neuankömmling das Sparringmatch, manchmal verlieren beide, weil sich das Weibchen davongemacht hat, während die beiden Männchen sich am Kragen packten.

Es gibt einen alten Witz, wo auf die Frage: «Wie paaren sich Igel?» die Antwort lautet: «Sehr, sehr vorsichtig.» Und das ist gar nicht so weit von der Wahrheit entfernt. Zwischen so stacheligen Partnern kann die Paarung nicht unvorsichtig oder ohne die beträchtliche Mithilfe des Weibchens ausgeführt werden.

Häufig wird die Werbung durch das Auftauchen eines Rivalen und dessen Vertreibung unterbrochen

Tatsächlich muß die Igelin eine ganz bestimmte Stellung einnehmen: den Bauch flach an den Boden gedrückt, den Rücken nach unten durchgebogen, so daß die Nase himmelwärts zeigt. Die

Stacheln müssen flach anliegen. Mißachtung auch nur eines dieser Faktoren macht eine Paarung unmöglich; das Weibchen kann jederzeit die Stacheln aufstellen oder den Partner abwerfen. Dieser besteigt seinerseits die Igelin von hinten, greift die Stacheln über ihrer Schulter mit den Zähnen und scharrt mit den Füßen, um die beste Stellung zu erreichen. Sein Rücken muß dabei in völlig «unigelhafter» Weise durchgedrückt sein, denn nur wenn alle Aspekte stimmen, kann eine erfolgreiche Paarung stattfinden. Und nach all dem ist eine Befruchtung noch keineswegs gewährleistet. Viele Weibchen werden selbst nach mehreren Kopulationen nicht trächtig, und ein gehöriger Teil entgeht den Mutterfreuden völlig.

Es gibt keine Beweise dafür, daß sich irgendeine Art von Pärchen-Bindung zwischen Igel und Igelin bildet (obwohl es von einigen Autoren behauptet wird). Nach der Paarung bleibt das Männchen höchstens noch einige Stunden bei dem Weibchen – wenn überhaupt. Manchmal paart er (oder sie) sich noch in derselben Nacht mit einem anderen Partner. Promiskuität scheint die Regel zu sein. Eine Studie von Nigel Reeve zeigt, daß ein männlicher Igel während zweier Paarungszeiten mindestens zehn verschiedene Weibchen begattete (einige mehrmals) und daß ein Weibchen bis zu einem Dutzend verschiedener Partner hatte.

Mit neun bis zehn Monaten werden unsere europäischen Igel geschlechtsreif. Danach sind sie jährlich bis zu ihrem Tod zur Fortpflanzung fähig.

«Er» oder «Sie»?

Oft wird angenommen, daß die großen, energischen Exemplare die Männchen seien; das mag zutreffen, aber es ist eine etwa ebenso unsichere Methode, als wollten Sie das Geschlecht an der Kopfform erkennen. Leute, die behaupten, es handle sich um einen «Er» oder eine «Sie», ohne genau nachzusehen, machen sich selbst etwas vor.

Das Geschlecht beim Igel zu unterscheiden ist einfach; die Schwierigkeit liegt darin, ihn dazu zu bringen, sich zu entrollen.

Nehmen Sie einen zusammengekauerten Igel auf, indem Sie sanft von jeder Seite eine Hand unter ihn schieben. Schütteln Sie ihn dann leicht, so daß er sich etwas aufrollt, um sich mit den Füßen in Ihren Händen abzustützen. Machen Sie so weiter und nehmen Sie dabei die Hände immer weiter auseinander, wobei die Vorderfüße des Igels auf der einen und die Hinterfüße auf der anderen Hand bleiben. Nach einer Weile sollte der Igel dann völlig ausgestreckt sein. Jetzt können Sie ihn am vorderen Teil hochheben und eventuell seinen Rücken dabei gegen Ihren Bauch drücken. Betrachten Sie nun genau seine Unterseite und vergleichen Sie sie mit der nebenstehenden Abbildung. Bewegen Sie sich die ganze Zeit über langsam und sanft und lassen Sie Hände und Finger flach ausgestreckt. Wenn Sie sich ungeschickt anstellen, rollt der Igel sich um Ihre Finger zusammen – und das ist schmerzhaft! Haben Sie den Trick erst einmal raus, ist die Anwendung dieses «Igel-Zaubermittels» ganz leicht, wobei sich gelegentlich allerdings vereinzelte Tiere (manchmal auch trächtige) hartnäckig weigern, sich zu entrollen.

Bei ausgewachsenen männlichen Igeln zeigt sich der Penis als große Öffnung ungefähr da, wo man den Bauchnabel erwarten würde; etwa 5 cm oberhalb des Anus. Bei Weibchen liegen die beiden Öffnungen dicht zusammen (nur etwa 1 cm auseinander) und direkt am Schwanzansatz. Igelbabys sind in ihrem Geschlecht schwieriger zu unterscheiden, besonders wenn sie erst wenige Monate alt sind – aber zu diesem Zeitpunkt spielt es ja auch kaum eine Rolle.

Normalerweise ist die Anzahl von Männchen und Weibchen ziemlich ausgeglichen. Macht man allerdings Stichproben (z. B. indem man Igel im Garten einfängt oder Verkehrsopfer sammelt), dann wird man wahrscheinlich im Frühjahr und Sommer bedeutend mehr männliche Tiere finden. Nicht etwa, weil es mehr Männchen gibt, sondern einfach wegen der Tatsache, daß sie in dieser Zeit aktiver sind, und man sie deshalb eher antrifft. Umgekehrt überwiegen im Herbst die Weibchen, da offensichtlich die Männchen ihren Winterschlaf früher beginnen – was entsprechend dazu führt, daß man mehr Igelinnen findet. Igelbabys treten, was das Geschlecht betrifft, zu jeder Zeit ziemlich ausgewogen auf.

Weibchen   Männchen

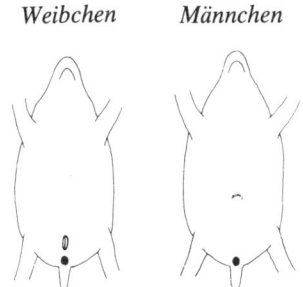

Familienleben

Wird ein Weibchen befruchtet, kommen die Jungen nach etwa viereinhalb Wochen zur Welt. Normalerweise ist die Dauer der Schwangerschaft oder Trächtigkeit bei Säugetieren ziemlich genau festgelegt (neun Monate beim Menschen zum Beispiel), nicht so bei Igeln, da scheint sie recht variabel zu sein. Das mag, vor allem in Großbritannien, am unzuverlässigen Wetter liegen. Eine Kältewelle zu Frühjahrsbeginn kann zu Futterknappheit und vorläufiger Wiederaufnahme des Winterschlafes führen. Verlangsamen sich dadurch die Lebensvorgänge bei einem Weibchen erneut, so überträgt sich das auch auf die Entwicklung ihrer Embryos. Setzt dann wieder normale Aktivität ein, beschleunigt sich auch der Embryowuchs, doch die Tragzeit verlängert sich entsprechend des verlängerten Schlafzustandes.

Das ist allerdings nur eine Annahme; es gibt keine Untersuchungen über diese faszinierende Möglichkeit. Bei Fledermäusen jedoch ist sie eine bekannte Tatsache. Kälte oder Mangel an Insekten als Futter kann sie in einen «Sommer-Schlaf» zwingen, der seine Auswirkung auch auf die Fledermausembryos hat und die Gesamtdauer ihrer Entwicklung verlängert. Sollte es bei Igeln in ähnlicher Weise verlaufen, so wäre das etwas äußerst Ungewöhnliches (und Hochinteressantes) bei Säugetieren, aber es würde immerhin die variable Trächtigkeitsdauer der Igel erklären.

In Mitteleuropa werden die meisten Igeljungen zwischen Mai und September geboren, im Norden vielleicht ein bißchen später. Weibchen, die aus irgendeinem Grund ihren Wurf verlieren, oder solche, die ihren Nachwuchs früh im Sommer aufgezogen haben, können noch ein zweites Mal Kinder bekommen. Allerdings ist es so, daß diese nicht vor September, ja vielleicht gar erst Ende Oktober geboren werden. Die Überlebenschancen sind gering.

Durchschnittlich bekommt eine Igelin vier bis fünf Junge, wobei manche es sogar auf sechs bis sieben bringen. Theoretisch könnte also eine Igelmutter jährlich zehn oder mehr Junge haben, aber das wäre schon sehr ungewöhnlich. Außerdem kann man nicht annehmen, daß sie alle überleben. Eine realistischere Schätzung wäre, daß eine Igelmutter durchschnittlich zwei, vielleicht drei Junge aufziehen kann.

Stachelige Junge zu gebären, dürfte Schwierigkeiten mit sich bringen. In einigen Büchern findet sich als Lösung des Problems die Annahme, daß die Babys bei der Geburt noch sehr weiche Stacheln haben; aber selbst das wäre noch äußerst unangenehm, wenn der kleine Igel etwa mit dem Schwanz voran austritt. Er bliebe einfach stecken. Manchmal passiert das tatsächlich und führt dann immer zu einem tödlichen Ende. Normalerweise sind die Stacheln mit Haut überzogen und erscheinen wie kleine Pickel auf der Oberfläche. Kurz nach der Geburt, die nur ein oder zwei Minuten dauert, brechen sie dann durch. Die ersten, etwa 100 Stück, sind vollkommen weiß.

Beim Neugeborenen sind die Stacheln in Hautpickeln verborgen

Sie wachsen in zwei auffälligen Bahnen, die ein Scheitel in der Mitte des Rückens von Kopf bis Schwanz teilt. In vielen Büchern wird behauptet, daß die Stacheln sich beim Heranwachsen des

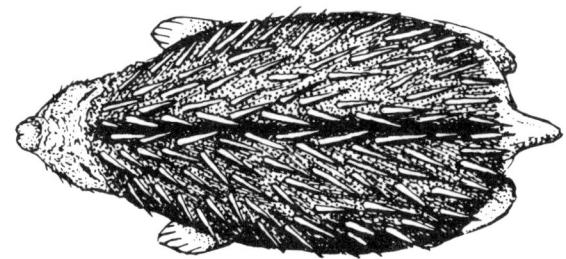

Das erste Stachelkleid ist weiß mit einem über die Rückenmitte verlaufenden «Scheitel»

Jungen braun färben. Das ist falsch. Die weißen Stacheln bleiben weiß, bis das Tier sie Wochen oder Monate später beim Haarwechsel verliert. Was tatsächlich geschieht: Braune Stacheln wachsen zwischen den weißen nach, Schub um Schub, bis sie den Erstlingswuchs überdecken. Vom 15. Lebenstag an etwa sind die weißen kaum noch sichtbar.

Dunkle Stacheln durchsetzen die weißen

Igelbabys werden in eigens für die Geburt hergerichtete Nester geboren, die man häufig unter einer Scheune oder einem Haufen Gartenabfall findet. Das Nest gleicht einem Winternest in Großformat, und ist meist aus Blättern und Gras, oft gemischt mit Papierfetzen und anderen Abfällen gebaut. Spezielles Material zum Auskleiden wird nicht gesammelt, die Innenschichten jedoch durch Herumtrampeln gelockert und geglättet. Wird die Mutter in den ersten paar Stunden nach der Geburt gestört, verläßt sie wahrscheinlich ihre Jungen, oder sie frißt sie auf. Später, wenn der Nachwuchs älter ist, reagiert sie auf eine Störung möglicherweise so, daß sie die Jungen zu einem anderen Nest fortträgt.

Nach wenigen Tagen zeigen sich sowohl weiße als auch braune Stacheln

Igel werden blind und blaß-rosa geboren. Nach zwei Wochen öffnen sich die Augen, und sie haben dann nicht nur eine Menge brauner Stacheln, sondern auch ihre Haut hat sich dunkler gefärbt. Anfänglich haben sie, genau wie menschliche Babys, Milchzähne, die ab der dritten Lebenswoche ersetzt werden. Den letzten Milchzahn verlieren sie nach etwa vier Monaten.

Die Mutter ernährt ihre Igelbabys natürlich mit Milch, wofür sie mit fünf Paar Zitzen ausgestattet ist; genug Quellen auch für die größte Familie. Doch kann es häufig vorkommen, daß nur für vier bis fünf Junge Milch vorhanden ist. Bei kaltem und trockenem Wetter fehlt es der Mutter selbst an Nahrung, und sie ist dann kaum in der Lage, ihre gesamte Nachkommenschaft zu nähren. Die Sterberate junger Igel, die das Nest noch nicht verlassen haben, liegt etwa bei 1:5, wobei Tiere eines größeren Wurfes besonders gefährdet sind.

Mit drei bis vier Wochen sind Igel alt genug, um das Nest zu

Wachstum und Entwicklung junger Igel

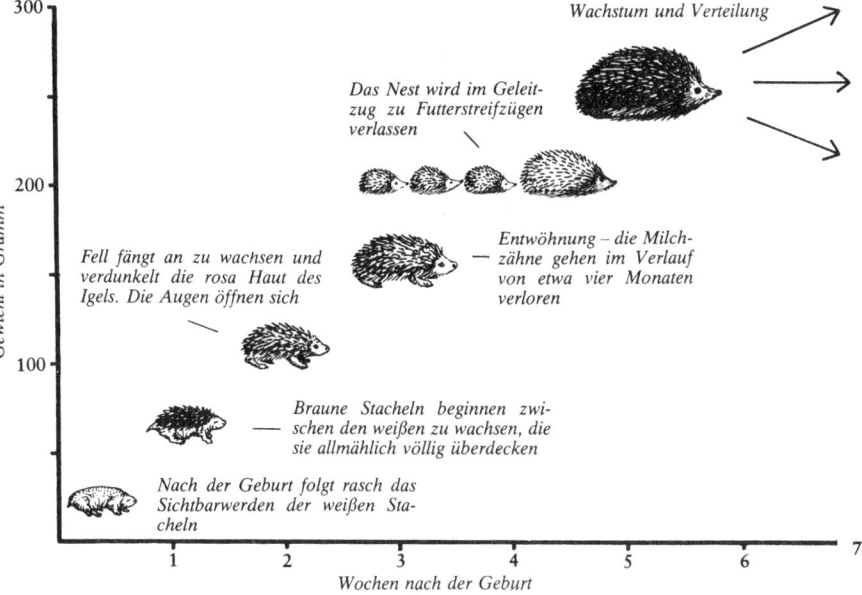

verlassen und mit der Mutter Streifzüge zu unternehmen. Ein Weibchen, das eine Prozession stacheliger Igelbabys anführt, ist ein bezaubernder Anblick und ein willkommenes Zeichen dafür, daß die Jungen die schwierigste Zeit ihres Daseins überlebt haben. Bald lernen die Jungen, was freßbar ist, aber trotzdem kehren sie immer noch ins Nest zurück, um die Milch ihrer Mutter zu trinken. Langsam, über einen Zeitabschnitt von etwa

zehn Tagen, bricht die Familie auseinander, wenn die Jungen sich selbständig machen und ihre eigenen Wege gehen. Zu diesem Zeitpunkt wiegen sie etwa 250 Gramm (auf dem Kontinent 350–500 Gramm), das Zehnfache ihres Geburtsgewichtes. Von der Empfängnis bis zur Entwöhnung vergehen nur etwa zwei Monate. Bis zu diesem Zeitpunkt ernährt die Igelmutter ihre Nachkömmlinge hauptsächlich mit Milch. Sie muß genug Nahrung beschaffen, um ein Kilo (mehr als ihr Eigengewicht) «herzustellen» und zu erhalten und sich selbst zu ernähren. Das muß eine gewaltige Strapaze sein, und es ist kaum verwunderlich, daß etwa zwanzig Prozent der Jungen nicht überleben.

Hat die Familie sich erst einmal zerstreut, ist es unwahrscheinlich, daß die Geschwister sich wieder treffen, denn Igel sind Einzelgänger. Auch ihrem Vater werden sie kaum je begegnen, denn er hatte keinen Anteil an der Aufzucht seiner Nachkommen, und es ist schwer vorstellbar, wie er sie als die Seinen erkennen könnte – und umgekehrt. Igel begegnen sich und ziehen aneinander vorüber wie Schiffe in der Nacht. Mehr nicht.

Herbst-Waisen

Manche Igelinnen bringen einen späten Wurf zur Welt, im September oder gar Oktober. Sind diese Jungen alt genug, um das Nest zu verlassen, kommen sie schon fast in den Winter. Sie sehen sich dem beinahe unlösbaren Problem gegenüber, in dieser Jahreszeit genug zu fressen zu finden, wenn die Nächte kälter und natürliche Futterquellen zunehmend rarer werden. Feuchte und frostige Nächte tragen noch zu der Not bei.

Die Schwierigkeit ist, daß ein Igelkind nicht nur Tag für Tag Nahrung braucht, sondern noch Zusatzrationen, damit sich sein Gewicht in einer Zeitspanne von wenigen Wochen verdoppelt. Darüber hinaus benötigt es noch mehr Futter, um es als Fettre-

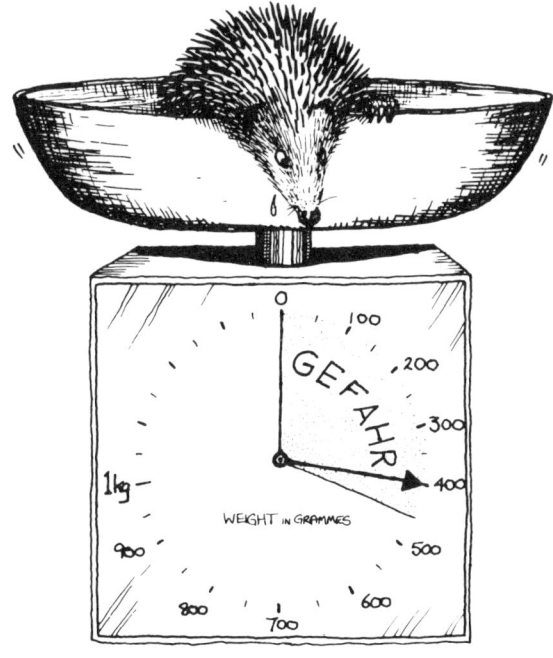

Gewicht in Gramm

serve für den Winterschlaf anzulegen. Und all das zu einem Zeitpunkt, da die Nahrungsversorgung sowieso knapp wird. Begreiflich, daß diese Herbstkinder kaum über die Runden kommen. Unter solchen Umständen sind Igeljunge von 150–200 Gramm Gewicht, die mühsam ums Überleben kämpfen und oft im hellen Tageslicht nach Futter suchen, keine Seltenheit. Während die ausgewachsenen Igel schon längst im Winterschlaf liegen, sind diese Jungtiere gezwungen, bis weit in den Winter, manchmal sogar bis Weihnachten, aktiv zu bleiben. Das ist der Grund, warum die meisten Igel, die man noch im November antrifft, so klein sind. Es stellt sich die Frage, was man mit ihnen anfangen soll. Dasselbe gilt für Nester mit verlassenen Babys, wie man sie manchmal im Herbst bei der Gartenarbeit findet.

Können wir den Kleinen helfen zu überleben? *Sollen* wir helfen? Wäre es vielleicht grausam, sich einzumischen und sie vom Winterschlaf abzuhalten?

Die Antwort auf diese Frage ist einfach: Kümmern wir uns nicht um die Babys, sterben sie mit an Sicherheit grenzender Wahrscheinlichkeit. Igel brauchen bestimmte Mindestfettreserven, um sicher durch den Winter zu kommen. Sie sollten etwa 450 Gramm wiegen (für Igel auf dem Kontinent mag ein höheres Gewicht erforderlich sein). Gehen sie in Winterschlaf, ehe sie dieses Gewicht erreicht haben, besteht praktisch keine Überlebenschance für sie. Das bedeutet: Überläßt man Igelbabys nach Ende September sich selbst, verurteilt man sie tatsächlich zum Tode. Sie als Pflegegast aufzunehmen und mit künstlicher Kost zu ernähren, mag wider die Natur sein, aber immerhin erhält es sie eventuell am Leben. (Einzelheiten über die Aufzucht von Igelbabys werden im nächsten Kapitel behandelt.)

Haben die Igelkinder das nötige Gewicht erreicht, können sie freigelassen werden. Am besten geschieht das während einer milden Wetterperiode, damit der Schock nicht zu groß ist. Man muß unbedingt darauf achten, daß die kleinen Kostgänger zu trockenem Material für den Nestbau Zugang haben und daß ein geeigneter Platz für den Bau einer Winterbehausung vorhanden ist. Ideal wäre ein Wald- und Gebüschgelände mit viel Laub (siehe Seite 126), aber im eigenen Garten bietet auch eine schräg gegen den Zaun oder hinter einen Schuppen angelehnte Hartfaserplatte geeigneten Schutz. Altes Zeitungspapier eignet sich hervorragend als Ersatz für Blätter zum Nestbau. Wahrscheinlich wird der Igel nicht dort bleiben, wo Sie ihn untergebracht haben, sondern sich einen besseren Platz suchen – zu seinem eigenen Besten.

Mögliche Winterneststellen kann man an Mauern oder Zäunen herrichten

Haltung von Igeln und Aufzucht der Jungtiere

Insgesamt gesehen, sind Igel keine besonders begeisternden Pflegetiere (sie sind recht teilnahmslose Wesen), aber trotzdem kann es ganz lustig sein, sie eine Weile zu halten. Igelkinder werden oft von wohlmeinenden Leuten aufgenommen, und oft genug verdanken sie diesen Pflegeeltern das Leben. Das gilt besonders für untergewichtige Jungtiere, die vor dem herannahenden Winter gerettet wurden. Daher sind ein paar Ratschläge zur Igelhaltung sicher nicht unangebracht.

Igel müssen sich während der Pflegezeit leider öfters mit zu kleinen Käfigen oder Gehegen zufrieden geben, ziehen aber selbstverständlich, wenn möglich, mehr auslauf vor. Für Bewegung kann man sie immer frei im Haus laufen lassen, allerdings sind sie nur selten stubenrein. Wichtig ist, daß der Käfig oder Verschlag weder Stäbe noch Maschendraht als Boden hat; Igel-

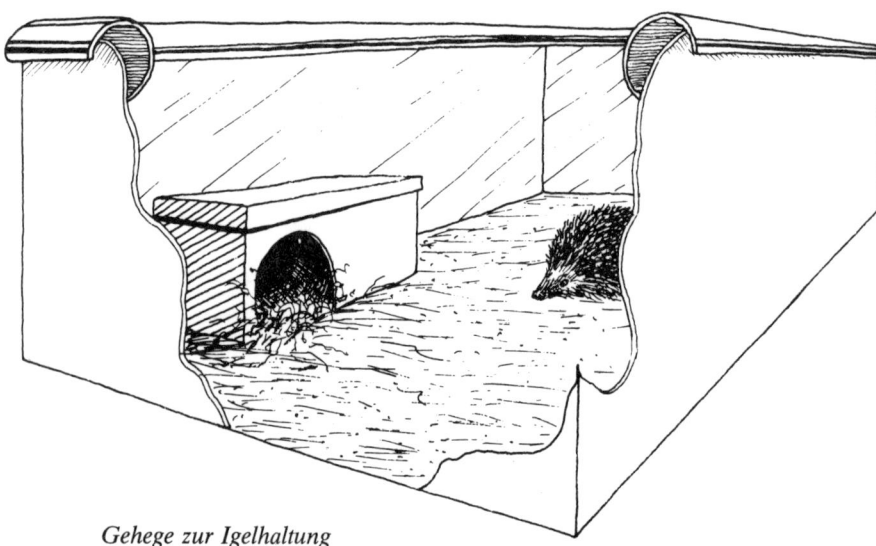

Gehege zur Igelhaltung

füße sind empfindlich und würden geschädigt, wenn nicht für weicheren Boden gesorgt wird. Vor allem Zeitungspapier, Küchenkrepp, Erde und selbst alte Teppiche, all das ist geeignet, muß aber regelmäßig gewechselt werden.

Denken Sie daran, daß Igel graben können, und ein einfacher Verschlag im Garten sie nicht davon abhält, sich durch Tunnel unter den Wänden einfach ins Freie zu arbeiten. Denken Sie ebenfalls daran, daß sie klettern können. Maschendraht bedeutet keine Schwierigkeit für sie, und selbst Bretter oder Ziegelsteine sind nicht ausbruchssicher. Ein an der Oberkante der Wände befestigter Metallstreifen oder eine Regenrinne aus Plastik sind durch ihre glatte, nach innen verlaufende Wölbung ein guter Anti-Kletterschutz (aber passen Sie an den Ecken auf!). Igel in der freien Wildbahn sind zwar Nachttiere, doch kann man sie in Gefangenschaft dazu bringen, auch am Tag herauszukommen, indem man sie tagsüber füttert. Eine solche Gewöhnung sollte jedoch unterbleiben, wenn der Igel später wieder freigesetzt wird!

In Freiheit lebende Igel trinken sehr häufig, deshalb sollte immer Wasser bereitstehen. Stellen Sie eine offene Schüssel hin, auch wenn die Igel manchmal hineintappen und eine rechte Schweinerei machen. Ein zur Seite gekipptes Holz- oder Kartonkistchen und viel Zeitungspapier, das der Igel zerfetzen und als Material zum Nestbau in dieses Kistchen schaffen kann, sollten zur Verfügung stehen. Die Nestschachtel sollte ein Dach haben, sonst wird das Baumaterial des Nestes überallhin verstreut.

Regelmäßige Betreuung führt bei manchen Tieren zu großer Zutraulichkeit (Geschlechtsbestimmung und Handhabung von Igeln siehe S. 60), während andere völlig unansprechbar bleiben. Es ist nötig, Zecken und Flöhe zu entfernen (siehe Seiten 36 und 37). Die Versorgung und Fütterung ausgewachsener Igel stellt kein Problem dar; die wirklichen Schwierigkeiten entstehen beim Versuch, ein Igelbaby aufzuziehen.

Manchmal scheucht man im Garten unabsichtlich eine Igelmutter mit Familie in ihrem Nest auf. Am besten läßt man sie dann in Frieden, damit die Mutter ihre Jungen zu einem neuen Zuhause bringen kann. Ist weit und breit keine Mutter zu finden, oder bringt Ihr Hund Igelbabys nach Hause, dann können Sie versuchen, sie großzuziehen. Sind die Tiere so jung, daß ihre

Augen sich noch nicht geöffnet haben, besteht wenig Hoffnung für sie, aber wenn Sie Glück haben, überleben sie vielleicht. Die Chance steht besser, wenn die Kleinen schon braune Stacheln haben. Aber seien Sie nicht zu enttäuscht, wenn sie trotzdem nicht überleben; Igel sind in den ersten sechs bis acht Wochen sehr anfällig.

Fütterung eines Igelbabys mit Hilfe einer Plastikspritze

Igel sind schon erfolgreich mit Kuhmilch, Kondensmilch und verschiedensten Babynahrungen aufgezogen worden, aber Muttermilch ist mehr als bloß Nahrung. Mit ihr nehmen Igelkinder in den ersten Tagen nach der Geburt eine Menge immunisierender Eiweißstoffe auf, die dazu beitragen, die Tiere vor Infektionen und Verdauungsstörungen zu schützen. Der Kuhmilch und anderer Ersatznahrung fehlt diese gebrauchsfertige natürliche Medizin, wodurch junge Igel sehr anfällig sind für Infektionen, die leicht einen tödlichen Ausgang nehmen. Flüssigfutter, am besten pulverisierte Säuglingsmilch, sollte mit einer Puppenmilchflasche, Pipette oder einer Plastikspritze gegeben werden. Der Igel wird rasch lernen, daraus zu trinken, allerdings muß er alle paar Stunden gefüttert werden. Sie sollten ihm daher so schnell wie möglich beibringen, aus einem Näpfchen zu schlabbern, damit die Betreuung weniger zeitraubend wird.

Sind Igelbabys etwa drei Wochen alt, haben sich die Augen geöffnet und ist das Gewicht auf 100 Gramm oder mehr gestiegen, sollte ihre Kost erweitert werden. Kindernährbrei mit etwas Honig wird immer gern genommen, und möglichst bald sollte weich gemixte Leber und Hackfleisch mit etwas Eigelb verabreicht werden. Die Ernährung sollte halbflüssig, reich an Eiweiß und möglichst vielseitig sein. Später kann man dann zu Hunde- oder Katzenbüchsenfutter übergehen. Zweimal täglich zwei bis drei gehäufte Suppenlöffel sollten ausreichen. Da dies relativ teuer werden kann und natürliche Nahrung sehr vielseitig ist, ist es eine gute Idee, das Büchsenfutter mit untergemischter Welpenkost, eingeweichten Hundeflocken, etwas Eigelb oder zerbröckelten Nüssen zu strecken. Fügen Sie etwas Wasser bei, damit das Ganze nicht zu trocken wird. Gesunde Igel gedeihen bei dieser Kost prächtig und nehmen auch rasch an Gewicht zu. Eines meiner Tiere – als Säugling vor dem nahen Tod gerettet – nahm pro Tag durchschnittlich 10 Gramm zu und wuchs schließlich zu dem größten einjährigen Igel heran, den ich je gesehen habe – dann riß er aus!

Kleine Leckerbissen sind Igeln immer willkommen, und individuelle Vorlieben werden hier besonders offensichtlich. Einige mögen Mehlwürmer (leider, denn sie sind relativ teuer), andere begeistern sich für Hühnerfleischstückchen. Ein Igel, so habe ich gehört, zog Mandarinenschnitze allem anderen vor, und ein weiterer tat alles für Erdnüsse. Aber der merkwürdigste von allen war Emily. Sie war verrückt nach Milch, so sehr, daß man, als die britische Radio- und Fernsehgesellschaft BBC Emily einmal beim Fressen von Mehlwürmern filmen wollte, diese zunächst in Milch tauchen mußte. Dann erst stürzte sie sich gierig darauf, aber nur um die Milch abzulecken, die Würmer ließ sie liegen!

Um Vorlieben und Abneigungen eines Igels festzustellen, kann man einige interessante Experimente machen. Leider kommt es vor, daß einzelne Tiere äußerst heikel werden und sich weigern, Hundefutter oder sonstige vernünftige Kost zu fressen, sondern auf einer speziellen Nahrung bestehen. Man sollte das auf keinen Fall unterstützen, teils weil es lästig ist und teils weil diese Tiere Gefahr laufen, weniger anpassungsfähig zu sein und schlechter in der Lage sind, für sich selbst zu sorgen, wenn sie entkommen oder freigelassen werden.

Freilich ist bei der Aufzucht von Igelbabys Ernährung nur ein Teil des Problems. Das Geheimnis des Erfolges liegt darin, sie *warm* zu halten. Das ist das Entscheidende. Die Kleinen verlieren über weite Hautoberflächen, die nahezu keinen Isolierschutz besitzen, Körperwärme. Sind sie unterkühlt, beginnen die Körperfunktionen langsamer zu werden, so daß zum Beispiel die Verdauung länger braucht, um die Nahrung in Energie umzusetzen. Die Bewegungen der Tiere werden träger, was bedeutet, daß die Muskeln weniger Wärme erzeugen und der Körper noch mehr abkühlt. Sehr rasch befindet sich so ein Igelkind in einer verhängnisvollen Spirale des Abkühlens und Bewegungsloserwerdens, bis es nach 2–3 Tagen stirbt wie ein abgelaufenes Aufziehspielzeug. Ganz offensichtlich ist dies für Igelkinder eine Hauptgefahr in den kalten Nächten des Spätsommers und Frühherbstes, also einer Zeit, in der ihnen Futterknappheit sowieso zu schaffen macht. Selbst ziemlich große Igel leiden an diesem Abkühl-Syndrom, wenn sie nicht ganz gesund sind.

Wärme regt sie an, steigert ihren Bewegungsdrang und verhilft ihnen eventuell dazu, auf dem Weg zur Lebensfähigkeit «die Kurve zu kratzen». Benutzen Sie aber keine Schreibtischlampe oder einen ähnlich nach unten scheinenden Gegenstand als Wärmequelle. Am besten umwickeln Sie eine Wärmflasche mehrmals mit einer Decke und machen es dem Igel darauf oder daneben bequem. Auf diese Weise wird er rundum von Wärme eingehüllt, und kein helles Licht stört ihn. Versuchen Sie die Temperatur ungefähr der gleichzuhalten, die im Innern Ihrer Hosentasche herrscht, indem Sie das warme Wasser stets nach einigen Stunden erneuern. Und alle paar Tage sollten Sie für saubere Decken sorgen.

Nach einigen Wochen sind die jungen Igel dann meist kräftig genug, um den Winterschlaf im Freien zu überleben, aber es schadet ihnen auch nicht, wenn man sie ohne ihn weiter im Haus hält. Es mag gegen die Natur sein, keinen Winterschlaf zu halten, aber grausam ist es nicht. Da ein gutes Drittel aller Igel während des Winterschlafs stirbt, stellen sich die in Gefangenschaft lebenden ohne ihn vielleicht gar nicht einmal so schlecht.

Wenn Sie Ihren Igel schließlich freilassen, wählen Sie am besten eine Gegend, wo aller Wahrscheinlichkeit nach schon verhältnismäßig viele andere Artgenossen leben: Parks, alte Friedhöfe, Farmland oder große Gärten – alles Orte mit vielen Würmern, Büschen und Bäumen. Stellen Sie noch ein paar Nächte lang Futter hinaus, damit ihm die Eingewöhnung an die neue Umgebung leichter fällt. Wählen Sie für das Aussetzen nach Möglichkeit eine warme, schwüle Wetterperiode. Dann ist nämlich genügend natürliches Futter vorhanden und Ihr Igel bekommt keine Schwierigkeiten durch Unterkühlung. Denken Sie daran, daß Igel Laub und einen geschützten Platz (unter einer Hecke, einem Schuppen oder tief im Gebüsch) brauchen, damit sie eine gute Winterbehausung bauen können. Wählen Sie also einen Ort, wo die Voraussetzungen dafür gegeben sind. Vermeiden Sie wenn möglich die Nähe verkehrsreicher Straßen und bedenken Sie dabei, daß Igel weit herumwandern. Es hat deshalb wenig Sinn, sich für einen bestimmten Platz zu entscheiden, nur weil er 100 Meter weiter vom Verkehr entfernt liegt als vielleicht ein anderer. Lärm stört Igel nicht; zwei Gartenigel, die ich beobachtete, hielten sich tagsüber in Nestern auf, die nur drei Meter neben einer sehr viel benutzten zweispurigen Fahrbahn lagen, auf der durchschnittlich alle drei Sekunden ein Auto vorbeiraste.

Wie zahm können Igel werden?

Manche Igel sind einfach widerspenstig, und dabei bleibt es. Andere dagegen werden ausgesprochen zutraulich, besonders solche, die schon früh per Hand aufgezogen wurden. Sie rollen sich dann nicht ein und stellen auch die Stacheln nicht auf, sondern lassen es zu, zumindest bei ihren Pflegern, sie am Bauch zu kitzeln und sie auf den Rücken, Beine in die Luft, zu drehen; lauter Dinge, die Igel sonst höchst mißbilligen. Ich kenne ein Tier (Georgie, Star eines BBC-Fernsehfilms), das aus seiner Behausung herausgetrippelt kam, sobald man seinen Namen rief. Ein anderes dagegen (Emily, ebenfalls per Hand aufgezogen) biß mich immer wieder.

Igel sind individuell so verschieden, daß man von ihnen nicht verallgemeinernd sagen kann, «dies ist richtig» oder «das ist falsch». Plötzliche Geräusche und ungeschicktes Anfassen sind allerdings in der Regel die zwei Dinge, die Igel stören. Auch helles Licht mögen sie für gewöhnlich nicht. Regelmäßige, entschiedene, aber sanfte Beschäftigung mit dem Tier ist hilfreich. Vermeiden Sie, das Gesicht zu berühren und ebenso plötzliche Bewegungen, besonders auf den Bauch zu. Eine gute Idee ist es, wenn man sich während des Fütterns mit dem Igel beschäftigt: er bringt Sie dann mit Futter in Verbindung. Der nächste Schritt ist, gutes Verhalten mit einem bevorzugten Leckerbissen zu belohnen – wobei allerdings wieder das Problem auftaucht, daß die Geschmäcker der Igel so verschieden sind. Georgie liebte Erdnüsse, Emily schwärmte für Milch, die einen stürzen sich gierig auf Mehlwürmer, während andere sich nichts draus machen.

Igel unterwegs

Wenn Igel in Bewegung sind, wirken sie genau wie Aufziehspielzeuge. Dieser Eindruck entsteht, da der Körper von einem fransigen «Rock» aus langem Fell umsäumt ist, der die Füße verdeckt. Auch winkelt das Tier beim Gehen die Beine in einer Art an, daß der Körper niedrig und dicht am Boden ist – was die Füße noch mehr verschwinden läßt. So bewegen die Igel sich vorwärts wie auf unsichtbaren Rädern, ohne erkennbare Zeichen einer Antriebskraft. Man ist dann überrascht, wenn man entdeckt, daß Igel recht schnell rennen können. Durch Strecken der Beine richten sie sich auf und spurten irgendeinem entfernten Ziel entgegen, wobei sie Durchschnittsgeschwindigkeiten von 30–40 Metern pro Minute erreichen; das sind beinahe 2,5 Kilometer in der Stunde. Für uns ist das nur ein bequemes Gehtempo, aber beim Igel sieht es nicht nur rasant aus, sondern *ist* es auch. 30 Meter sind 150mal die Körperlänge des Tieres. Darüber hinaus halten manche Igel diese Durchschnittsgeschwindigkeit mehrere Minuten lang durch, selbst mit Zwischensprints von 2 Metern pro Sekunde (knapp 8 km/h) oder mehr. Das entspricht unserem höchsten Gehtempo, ehe wir ins Laufen verfallen. Sorgfältige Studien haben ergeben, daß die Durchschnittsgeschwindigkeit eines männlichen Igels während seiner nächtlichen Ausflüge fast doppelt so schnell ist wie die eines Weibchens.

Abgesehen von diesen gelegentlichen sportlichen Ausbrüchen, trippelt ein Igel normalerweise ruhig und gelassen dahin. Das wiederum führt zu der fälschlichen Annahme, daß er wohl kaum klettert, gräbt oder sonst etwas Dramatisches unternimmt. Aber Igel können sehr wohl graben, nur scheuen sie für gewöhnlich die Mühe, außer wenn es darum geht, unter einem Zaun oder sonstigen Hindernis einen Fluchtweg zu buddeln.

Klettern können sie auch, doch ist nicht ganz klar, warum sie diese Plackerei auf sich nehmen. Igel haben sich schon über Treppen oder gar im Tarzan-Stil an bewachsenen Außenwänden und anschließend durch geöffnete Fenster in Schlafzimmer hochgearbeitet. Mindestens einen Igel hat man in einem Strohdach entdeckt, wo er seinen Winterschlaf hielt, und es gibt Geschichten über Igel, die sich durch Abflußrohre bis in Dachrinnen gequetscht haben. Sie stemmen sich sogar in echtem Bergsteigergeist zwischen Rohr und Wand an Häusern hinauf.

Der Igel Tarzan

Einfache Maschendrahtzäune sind ein Kinderspiel für sie, und selbst ein Meter hohe Bretterzäune werden gelegentlich überstiegen.

 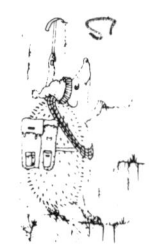

Igel schwimmen recht gut, und sie können sich auch durch winzigste Zwischenräume zwängen. Dick und rund wie sie wirken, entsteht der Eindruck, daß sie mindestens eine Öffnung von zehn Zentimetern Weite benötigen, um sich irgendwo «hindurchzuschaffen». Man vergißt leicht, daß ein Großteil der Körperfülle des Igels lose, lockersitzende Haut ist, vergleichbar mit einem alten Pullover, der auch viel Spielraum läßt und in dem ein verhältnismäßig kleiner Körper steckt. Mit angelegten Stacheln schlüpft ein Igel unter Schuppen, durch kleine Löcher oder zwischen den Planken eines Holzzaunes hindurch. Und steckt er erst einmal in der Enge, kann er die Stacheln aufstellen, so daß jeder Rettungsversuch unmöglich wird.

Eine Dame bat mich einmal brieflich um Rat, was sie mit ihrem Igel tun könne, der in einen alten Gummistiefel gekrochen sei. Ich schlug ihr vor, den anderen Stiefel zu tragen und auf einem Bein zu hüpfen. Aber im Ernst: Etwas anderes zu tun (außer den Stiefel aufzuschneiden) war kaum möglich. Die einzige Art, einen festsitzenden Igel freizubekommen, ist abzuwarten, daß er es von selbst schafft.

Ein solcher Fall wurde mir nachhaltig demonstriert, als ich mein erstes «Igel-Interview» bei der BBC machte. Ich setzte das Tier auf den Boden und konzentrierte mich auf meine Fragen und die Ausfeilung meines Textes. Und dann plötzlich – mein Co-Star war wie vom Erdboden verschluckt. Er war verschwunden! Die Studios der BBC sind nicht unbedingt berühmt für ihre verschwenderische Möblierung oder allgemeine Unordnung. Meines war ein quadratischer, mit Spannteppich ausgelegter Raum ohne jedes Versteck für einen Igel. Nahezu 20 Minuten durchsuchten wir Aktenkoffer, den Flur vor der Tür und jeden Zentimeter des Studios, ehe wir das Tier eingekeilt in einen fünf Zentimeter breiten Spalt zwischen einem schweren Schrank und der Wand fanden. Es war völlig unmöglich, den aufgeplusterten Kerl herauszubekommen, und es blieb uns nichts anderes übrig, als den Schrank zu leeren und zur Seite zu schieben, um meinen Igel wieder einzufangen. Zweifellos hätte diese Vorstellung eine viel interessantere Sendung abgegeben, als das, was ich dann tatsächlich in meinem Interview sagte.

Welche Strecken legen Igel zurück?

Wenn man versucht, einem Igel zu folgen und zu beobachten, wohin er geht, dauert es nicht lange, bis er unter einem Busch oder Zaun verschwindet. Außerdem ist es sowieso schwierig, verborgene Bewegungen in der Dunkelheit festzustellen. Daher wird man, auch wenn man einen Igel für kurze Zeit im Auge behalten kann, kaum etwas über seine allgemeinen Wege erfahren. «Experten» haben genau das gleiche Problem, und das ist der Grund, warum man so wenig über die nächtlichen Wanderungen der Igel weiß. Die praktischen Schwierigkeiten sind derart groß, daß nur wenige Untersuchungen überhaupt in Angriff genommen wurden.

Den größten Erfolg, Igeln auf ihren nächtlichen Streifzügen zu folgen, erreicht man durch eine Technik, bei der das Tier mit einem Mini-Sender ausgestattet wird, so daß man per Radio-Empfänger verfolgen kann, wohin es auch immer geht.

Heutzutage sieht man diese Methode bei allen möglichen Tieren in Fernsehdokumentationen, aber als ich in den 60er Jahren damit anfing, betrachtete man die Idee, Igel mit Mini-Sendern auszustatten, noch als äußerst ausgefallen. Eines der größten Probleme war die britische Post, die für die Erteilung von Funklizenzen zuständig ist. Es war schwer, sie davon zu überzeugen, daß es mir ernst war. Nach sechsmonatiger Diskussion stimmte sie endlich zu. So wurden denn meine Igel als «Test- und Entwicklungsstationen» im Einklang mit dem «Wireless and Telegraphy Act, 1947» zugelassen. Die Lizenz selbst belief sich auf mehrere Seiten großformatigen Schreibpapiers.

Meine Sender waren selbstgebastelt und hatten leider nur eine Reichweite von etwa 100 Metern. Mit moderner Ausrüstung kann man einen Igel auf zehnmal größere Entfernung ausmachen. Eine Spezialantenne zeigt an, aus welcher Richtung das Signal kommt, und wir können ihm folgen, bis wir den Igel sehen. Allerdings bewegen sich Igel manchmal stundenlang überhaupt nicht von der Stelle; das «Folgen» kann also eine recht langweilige Sache sein. Und kalt dazu, besonders wenn Frost einsetzt, oder einem um vier Uhr früh Nebel um die Knie wabert. Außerdem ist es gar nicht so einfach, einer mehrköpfigen, mißtrauischen Polizeistreife zu erklären, was man da mitten in der Nacht mit einem Ding treibt, das aussieht wie eine Fernsehantenne.

Wie auch immer, unsere nächtlichen Studien mittels Radio-Ortung ergaben, daß Igel pro Nacht in einem futterreichen Gebiet etwa zwei bis drei Kilometer umherstreifen. Männchen legen größere Strecken zurück als Weibchen, und beide laufen wahrscheinlich weiter, wenn weniger Futter vorhanden ist, das sie aufhält. Vier Kilometer ist wohl die längste gradlinige Strecke einer nächtlichen Wanderung. Allerdings liegen diesen Schätzungen unsere Studien an Igeln zugrunde, die auf einem Golfplatz und in den angrenzenden Gärten lebten. Es gibt dort nichts, was ihren freien Lauf über weite Strecken hindern könnte, daher ist es leicht möglich, daß sie andernorts in dichtem Wald oder in bebauten Gegenden weit weniger Weg zurücklegen. Wir wissen es einfach nicht.

Um Igeln nachzuspüren, muß das Radio-Ortungssystem sehr präzise arbeiten, und in bebautem Gelände ist das äußerst schwierig, weil Mauern, Zäune und Metallgegenstände die Signale verzerren. Außerdem kann der Beobachter auch nicht ungehindert umherlaufen; daher eignen sich Stadtrandgebiete kaum für Igelstudien, obwohl die Tiere dort in großen Mengen auftreten. Und Verallgemeinerungen des Igelverhaltens, die auf Studien in anderen Gegenden basieren, müssen auf Gärten in Ortschaften nicht zutreffen.

Der normale Ablauf der nächtlichen Futtersuche beginnt mit langsamem und vorsichtigem, kreis- und schlangenförmigem Umherstreifen, wobei jede mögliche Stelle untersucht wird. Sodann folgt ein rascher Lauf zu einem neuen Platz, der wieder sorgfältig begutachtet wird. Während der Futtersuche wendet der Igel sich mal nach rechts, mal nach links oder läuft oft im Kreis, was beträchtlich zur gesamten Laufstrecke beiträgt.

In den meisten Nächten kommt der Igel wieder an seinem Aufbruchsort an – dem Tagesschlafplatz. Dort bleibt er bis zur Abenddämmerung und bricht dann zur nächsten Futtersuche auf. Allerdings kehren Igel nicht immer zum selben Nest zurück, vor allem nicht im Sommer. Über mehrere Tage bleiben sie an anderen Plätzen und kommen dann wieder zu einem vormals benutzten Nest zurück. Zu verschiedenen Zeiten kann dieselbe Behausung auch von verschiedenen Igeln bewohnt werden, so daß der «Original-Besitzer» schwer feststellbar ist. Auf diese Weise werden Flöhe und andere Parasiten von einem auf den anderen Igel übertragen.

Sommernester sind meist ziemlich schwache Gebilde, obwohl auch sie eine Ansammlung von Gras, Papier, Blättern und Ähnlichem enthalten und damit dem Winternest gleichen können. Viel hängt vom Wetter und dem als Tagesaufenthalt gewählten Ort ab. Das Aufsuchen von Nestern während des Sommers erinnert an die Art, wie Bergsteiger in ständigem Kommen und Gehen die Berghütten benutzen, nur daß sich sehr selten zwei Igel ein Nest teilen (während das in Gefangenschaft häufig der Fall ist). Herrscht warmes, schönes Wetter, entfällt der Nestbau manchmal ganz; der Igel liegt dann einfach verborgen unter einem Grasbüschel oder Blätterhaufen.

Es besteht kein Zweifel, daß Igel wissen, wohin sie gehen. Sie laufen nicht einfach aufs Geratewohl herum. Das wiederholte Auftauchen markierter Tiere in unseren Gärten beweist das. Manche Leute haben auch schon markierte Igel aus ihren Gärten «deportiert» und dann freigelassen, worauf die Tiere in der nächsten Nacht aus Entfernungen bis zu 400 Metern wieder zurückkehrten. Eine mit einem Mini-Sender versehene Igelin wurde aus ihrem Nest entfernt; sie lief den Weg zu ihrer Behausung mit Jung-Igeln mehr oder weniger nonstop zurück und nahm später ihre eigene Spur wieder auf, um zu einer bevorzugten Futterstelle zu gelangen. Wie sie das schaffte, ist ein Rätsel. Geruchsfährten zu folgen, dürfte schwierig sein, da viele andere Tiere sie in allen Richtungen gekreuzt haben müssen; auch gab es keine direkten Pfade oder auffallenden Anhaltspunkte. Ganz offensichtlich haben Igel einen ausgezeichneten Orientierungssinn.

Folgt man denselben Igeln mehrere Wochen oder gar Monate lang, bekommt man eine Vorstellung davon, wieviel allgemeinen Platz diese Tiere brauchen. Markiert man alle ihre Bewegungen auf einer Karte, kommt man bei einem männlichen Igel auf etwa 30–40 Hektar normalen Auslaufgeländes. Weibchen kommen mit viel weniger aus (zehn Hektar). Biologen nennen das von einem Tier normalerweise benutzte Gelände «Aktionsraum», aber das ist ein ziemlich verschwommener Begriff, besonders auf Igel bezogen. Manche Igel bleiben mehr oder weniger am gleichen Platz und benutzen Monat für Monat oder gar Jahr für Jahr ungefähr dieselbe Gegend. Andere wieder scheinen «ohne festen Wohnsitz» zu sein und streifen weit und unberechenbar umher.

Häufig wird «Aktionsraum» mit «Revier» verwechselt.

Jener ist ein normaler Lebensraum, während das Revier nur der Teil dieses Raumes ist, den ein Tier verteidigt. Vögel haben oft Reviere (ein Rotkehlchen verjagt zum Beispiel ein anderes von seinem Stückchen Gartenrasen) und bei einigen Säugetieren ist das auch der Fall. Folgt man Igeln jedoch Nacht für Nacht, so stellt man fest, daß sich ihre Wege kreuzen und vermischen. Keines der Tiere scheint sein Landstück gegen andere Igeleindringlinge zu verteidigen; alle streifen frei nach eigenem Gutdünken herum. In diesem Sinn haben Igel kein Revier; dennoch kämpfen sie oft, wenn sie aufeinandertreffen.

Es ist anzunehmen, daß Igel im gebräuchlichen Sinn des

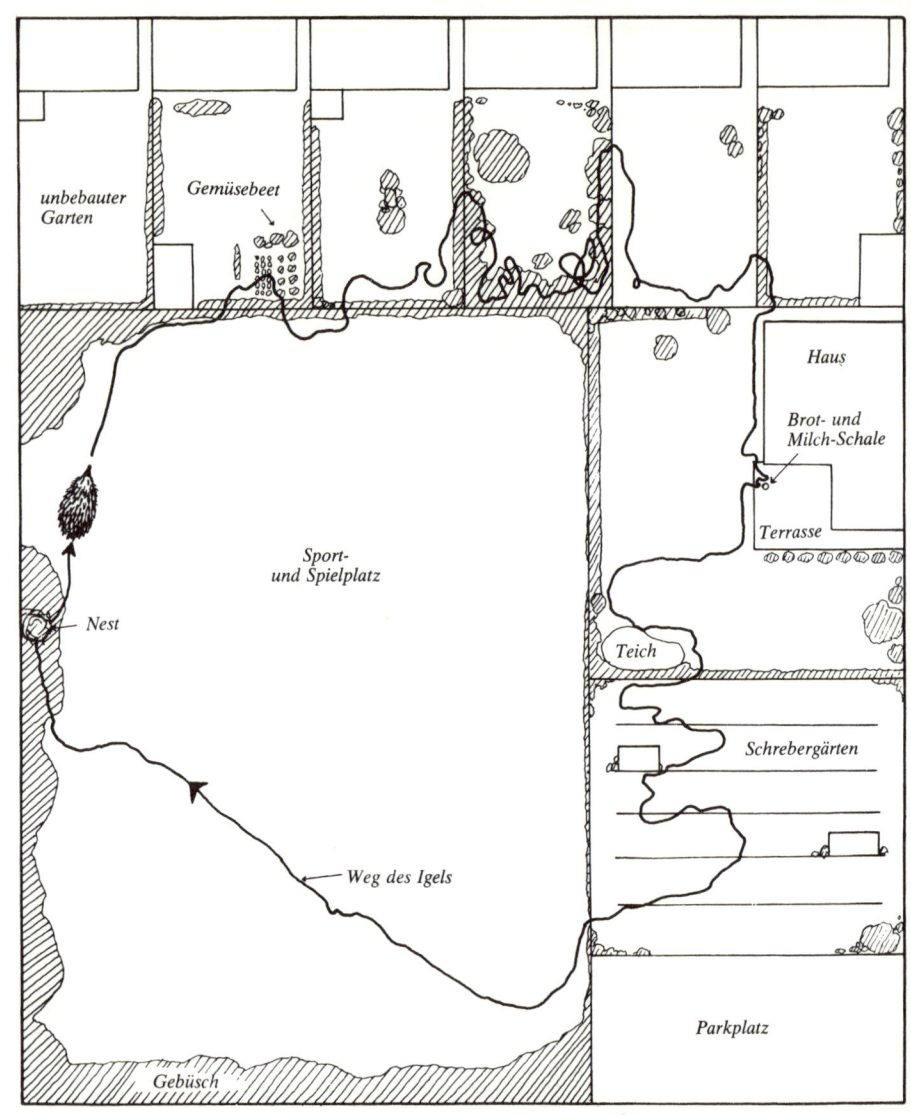

Typischer nächtlicher Schlängelpfad

Wortes revierunabhängig sind, daß sie aber den direkten Raum um sich herum, wo immer sie sind, verteidigen. Igel brauchen Ellbogenfreiheit, kein Königreich. Untergeordnete Igel können ohne weiteres dasselbe Gebiet benutzen wie ihnen übergeordnete – solange sie das zu verschiedenen Zeiten tun. Wildlebende Katzen scheinen eine ähnliche soziale Ordnung zu haben; bei Igeln sind nur weniger Einzelheiten bekannt, hauptsächlich weil es so schwierig ist, an kleinen, verborgen lebenden Tieren in der Dunkelheit Forschungsarbeit zu betreiben.

Einige Tiere, wie zum Beispiel Otter, lassen ihren Kot als Gebietsmarkierung zurück. «Zutritt verboten»-Schilder sozusagen als Warnung für jeden fremden Eindringling. Hunde markieren Laternenpfähle mit ihren Duft-Nachrichten. Soweit wir wissen, gibt es bei Igeln nichts dergleichen. Sie hinterlassen ihren Kot offenbar wahllos, und es ist unmöglich zu sagen, wo sie urinieren, da das ganz und gar unauffällig geschieht. Dessenungeachtet besitzen Igel eine feine Nase, so daß sie bestimmt den Geruch anderer Igel und deren Ausscheidungen erkennen können. Vielleicht wollen sie lediglich feststellen, wer gerade in der Gegend ist und wer kürzlich vorbeikam. Mehr ist auch nicht nötig, wenn kein Revier verteidigt werden muß. Wenn man es sich überlegt, besteht ja für Igel keine dringende Notwendigkeit, ein Revier für sich zu beanspruchen, speziell in Stadtrandgebieten, wo jede Menge Futter vorhanden ist. Warum sich mit Revierkämpfen abplagen und Energie verschwenden, wenn es nicht nötig ist?

Warum sind Igel nachtaktiv?

Igelstacheln schützen so hervorragend gegen Angreifer, daß der zusätzliche Schutz der Dunkelheit unnötig erscheint – daher die Frage. Und wir stellen sie nur, weil wir Tagaktivität als die Norm betrachten und daher meinen, wir müßten eine Erklärung finden, wenn ein Tier sich anders verhält. Vom biologischen Standpunkt aus verhält sich die Sache aber gerade andersherum; nachtaktives Verhalten ist bei Säugetieren gemeinhin die Norm und war es schon immer seit ihrer Entstehung. Die Tagaktivität ist das Besondere.

Sicher, Igel können es sich leisten, tagaktiv zu sein, aber es bringt ihnen keinen Gewinn, sondern im Gegenteil sogar ein ernsthaftes Problem. Die meisten kleinen wirbellosen Tiere, die dem Igel als natürliches Futter dienen, sind aus eigenen Gründen nachtaktiv. Einige müssen Tageswärme und Sonnenlicht meiden, um Feuchtigkeitsverlust durch Verdunstung einzuschränken, und viele ziehen Nutzen aus der feuchten, taunassen Nachtluft. Viele kommen auch erst nach Einbruch der Dunkelheit hervor, um nicht gesehen und gefressen zu werden. Der Hauptgrund für die Nachtaktivität des Igels ist also, daß die meisten Tiere, die ihm als Futter dienen, ebenfalls nachtaktiv sind, und weil es keinerlei Vorteile brächte, die Gewohnheit von Jahrmillionen zu ändern.

«Radio Igel» auf Sendung

Einer unserer Mini-Radiosender war auf einem speziell für seinen Träger zugeschnittenen elastischen Gurt befestigt. Der Gurt mußte elastisch sein, damit das Tier nicht am Zusammenrollen gehindert wurde. Neuere Sender-Modelle sind kleiner und können direkt auf die Stacheln geklebt werden. Der Sender wiegt weniger als ein Zwanzigstel des Igels selbst, ist also keine größere Last (sie entspricht etwa einem leeren Rucksack für den Menschen). Winzige Batterien, wie sie in Hörgeräten benutzt werden, sorgen für den Strom. Mit Hilfe eines Gewindestöpsels im Sender können sie ausgetauscht werden, so daß der Sender nicht vom Igel abgenommen werden muß, wenn neue Batterien nötig werden.

Solche Sender lassen sich mit etwas Übung selbst bauen und kosten nicht viel. Auch die Peilantenne ist nicht schwierig herzustellen. Jeder könnte Igeln per Funk folgen, gäbe es da nicht das Problem mit dem Empfänger. Die britische Post läßt keine Sender zu, die die Frequenzen von Radio- und Fernsehstationen oder die der tragbaren Funksprechgeräte der Polizei stören könnten. Daher muß man beim Bau eines Igel-Senders darauf achten, daß er ein höheres Frequenzsignal abgibt. Umgekehrt bedeutet dies, daß der Empfänger dieses Signal auch empfangen können muß, was mit normalen Transistorradios nicht möglich ist. Es gibt jedoch spezielle Umsetzer, mit denen sich ein gutes Transistorradio so abwandeln läßt, daß es klappt. Dieses behelfsmäßige, aber funktionierende Funksystem läßt sich mit etwas Geduld und elementarem Wissen selber herstellen. In einem Fachgeschäft gekauft, wird die Ausrüstung entsprechend teurer.

Igel im Garten

Es besteht kein Zweifel, daß der Igel der Verbündete des Gärtners ist. Er vertilgt zahllose Schädlinge und richtet selber keinen

Schaden an. Wir haben also allen Grund, Igel zum Verweilen in und um unseren Garten zu ermutigen. Nebenbei sind sie an Sommerabenden amüsante und interessante Besucher auf unseren Terrassen. Leider machen viele von uns den Igeln das Leben schwer, obwohl wir es eigentlich sehr gut mit ihnen meinen. Ohne es zu merken, verwandeln wir unsere Gärten in tödliche Igelfallen. Es ist unbedacht, Igel im Garten mit Futter zu versor-

gen, nur um dann festzustellen, daß sie Opfer unseres Gartenteiches geworden sind. Eine in London vorgenommene Erhebung stellt fest, daß nahezu zehn Prozent aller gemeldeten Igeltode auf Ertrinken zurückzuführen sind, nicht weil Igel nicht schwimmen können, sondern weil sie aus manchen Teichen nicht mehr herauskommen. Mit Plastikfolie ausgelegte Teiche und Swimmingpools mit senkrechten Wänden sind tödlich.

Die beste Hilfe für einen in ein solches Bassin gefallenen Igel ist ein als Rettungsfloß auf der Oberfläche treibendes Holzstück, oder (viel besser) ein bis zwei kleine Streifen engmaschiges Drahtgeflecht, die über den Beckenrand ins Wasser hängen. Über diese «Notausstiege» können sich Igel wie über Kletternetze retten.

Ein wenig Vorausdenken beseitigt eine weitere mögliche Gefahrenquelle für Igel: die Tennisnetze. Diese bleiben oft als lange Netzwurst auf dem Boden liegen oder hängen lose ins Gras. Nur allzu leicht verfängt sich ein herumstöbernder Igel darin. Wird er nicht entdeckt und befreit, bedeutet das seinen sicheren Tod. Bewahren Sie Ihr Tennisnetz, wenn Sie es nicht gebrauchen, bodenfern auf. Ein ähnliches Problem besteht bei Schutznetzen für Erbsen und Erdbeeren, aber sie können wir natürlich nicht einfach wegräumen und den Vögeln dadurch Tür und Tor öffnen.

Die Lösung besteht hier darin, die Netzränder stramm festzupflocken. Die Gefahr, daß es sich um Füße und Stacheln eines Igels verwickelt, ist bei einem straff gespannten Netz viel geringer.

Gute Überwinterungsplätze in einem typischen Garten. Jede Stelle, an der sich ein Laubhaufen bilden und den Winter über unberührt liegen bleiben kann, ist geeignet. Spezielle Igelhäuser zu bauen ist nicht nötig, wenn trockene, abgeschiedene Winkel vorhanden sind.

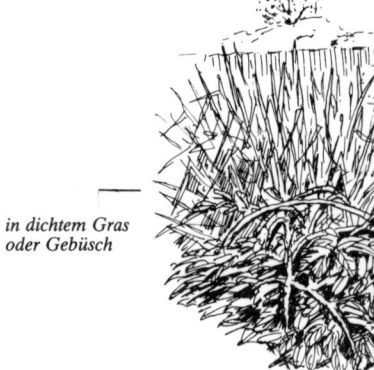

in dichtem Gras oder Gebüsch

Ordnungssinn ist ein weiteres Problem. Regelmäßig wird in Gärten das Laub zusammengekehrt, Dornengesträuch wurzeltief entfernt, und alle Flächen werden sauber und ordentlich gehalten. Aber dadurch verschwinden lebenswichtige Winternestplätze und notwendiges Material für den Nestbau. Selbstverständlich wollen die wenigsten von uns nur der Igel wegen ihren Garten zur Wildnis verkommen lassen. Aber wenn wir alle unsere Gärten nahezu klinisch rein halten, schaffen wir Lebensräume, die für den Daueraufenthalt von Igeln ungeeignet sind. Das mag der Grund sein, warum man manchmal einige Monate lang Igel im Garten hat, diese aber zu Winterbeginn wieder verschwinden: Sie konnten keinen geeigneten Platz für ein gutes Winterquartier finden. Die Lösung für dieses Problem ist durchdachte Unordnung. Lassen Sie das Laub hinterm Schuppen; bauen Sie Ihr Kaminholz nicht vor Ende des Winters bis zum Boden ab; rechen Sie nicht zu häufig unter Hecken; lassen Sie der Natur in Ecken und Winkeln freien Lauf; versetzen Sie sich in die Lage eines Igels. Seien Sie auch sparsam, wählerisch und vernünftig im Umgang mit chemischen Gartenmitteln; machen Sie sich klar, was diese bewirken, und denken Sie daran, daß ein Igel die Dinge vielleicht anders sieht als Sie.

in dichtem Gras oder Gebüsch

hinter Holzstapeln

in Dornengebüsch

in Laubhaufen

Fütterung von Gartenigeln

Es muß Tausende von Menschen geben, die allabendlich Futter für ihre Igel vor die Tür stellen und sie als Ehrenmitglieder der Familie – als freilaufende Haustiere – behandeln. Ich möchte wissen, wie viele Kühe rund um die Uhr arbeiten, um Milch zum Wohle der Igel zu liefern. Selbst abgepacktes «Igelfutter» gibt es schon in Geschäften zu kaufen.

Wildlebende Igel gewöhnen sich rasch und gerne an abendlich herausgestellte Milch mit Brot. Anfänglich erscheinen sie zur Kostprobe erst spät, wenn alle Lichter im Haus erloschen sind. Aber mit der Zeit werden sie kecker und fressen auch direkt am Haus im Lichtschein, der aus den Fenstern fällt. Wichtig ist, darauf zu achten, daß die Futterschale entweder immer im Dunkeln oder immer im Licht steht. Ziehen Sie nicht in einer Nacht die Vorhänge zu und in der anderen nicht. Das würde bei Ihren Igelbesuchern Unschlüssigkeit hervorrufen, bis sie sich an Ihre Gewohnheiten angepaßt haben. Und denken Sie daran, daß die Igel, die Sie auf Ihrer Terrasse besuchen, nicht unbedingt immer dieselben sind. Wundern Sie sich also nicht, wenn «er» in einer Nacht sehr zutraulich und in der nächsten sehr scheu ist.

Futter für Igel vor die Tür zu stellen macht vielen Leuten Freude und muß gewaltig zu der gesamten Nahrungsmenge beitragen, die durch Igelschlünde verschwindet. Aber ist es eine *gute* Sache? Welche Wirkung hat all diese Großzügigkeit auf den Igelbestand, wenn man sich an Studien an anderen Tieren erinnert, die gezeigt haben, daß wesentliche biologische Faktoren wie Fortpflanzungserfolg und Reviergröße von dem zur Verfügung stehenden Futter beeinflußt werden. Auch stellt sich noch die Frage nach der Eignung des Futters. Die meisten Leute bieten ihren Igeln Brot und Milch an; aber ist das nicht vielleicht eher schädlich als hilfreich? Diese zwei Hauptpunkte werden auf den nächsten Seiten noch genauer besprochen.

Dieselben Igel kommen Nacht für Nacht, Jahr für Jahr und fressen das, was man ihnen hinstellt. Offensichtlich ist es ihnen äußerst willkommen, und man kann wohl mit Recht annehmen, daß sie sich in nächster Nähe niederlassen und daß sie beim allabendlichen Verlassen ihres Nestes schnurstracks zu dem Futternäpfchen streben, um so früh wie möglich dort zu sein, ehe andere Igel ihnen das Futter weggefressen haben. Für die meisten Leute, von denen ich weiß, daß sie Futter für Igel hinausstellen, sind diese Dinge selbstverständlich. Außerdem setzen sie voraus, daß «ihre» Igel, höchstens zwei bis drei an der Zahl, den Garten mit der kostbaren Futterschale als angenehmes Revier betrachten, und diese Quelle nicht mehr als notwendig mit anderen Igeln teilen.

Diese Annahme ist so logisch, daß sie bestimmt richtig sein muß. Das bedeutet: Die Igel gewöhnen sich wahrscheinlich so sehr an diese bequeme Milch-Brot-Mahlzeit, daß sie nicht mehr genügend natürliche Nahrung zu sich nehmen und somit keine ausgewogene Kost haben. Schlimmer noch, vielleicht werden sie so abhängig von dem abendlich gefüllten Napf, daß sie echte Not leiden, wenn die Hausbewohner in die Ferien fahren oder die Tiere aus anderen Gründen nicht füttern.

Um diese Frage zu untersuchen, führten meine Studenten und ich eine Studie an mit Mini-Sendern versehenen Igeln durch, die bereits daran gewöhnt waren, sich an Futternäpfchen zu ernähren. Unsere Hauptuntersuchungsgebiete waren die an einen Golfplatz grenzenden Gärten und mein eigener Garten. Pro Abend machten wir an drei bis sechs Tieren unsere Beobachtungen; alle 60 Sekunden hielten wir über eine Zeitspanne von sechs Stunden Aufenthalt und Tätigkeit dieser Tiere fest. Außerdem überwachten wir die gewohnten Näpfe von Anbruch der Dämmerung bis Mitternacht. Diese Beobachtungen gaben wir einem Computer ein, der eine Karte darüber anfertigte, wo die Igel gewesen waren und alle ihre Aktivitäten während der Nacht zusammenfaßte. Wir machten uns daran, eine Reihe spezifischer Fragen zu beantworten.

Wie dicht am Futternapf leben Igel?

Keiner der regelmäßigen Futternapfbesucher lebte in dem Garten, in dem seit Jahren die Nahrung bereitgestellt wurde (obwohl genügend geeignete Plätze vorhanden waren). Einer von ihnen hielt sich einige Tage lang im Nachbargrundstück zwischen den grünen Bohnen auf, ein anderer in 60 Metern Entfernung unter einem Schuppen, aber meist lagen die Igelwohnungen mehr als 100 Meter entfernt. Zwei Tiere kamen sogar aus einer Entfernung von einem halben Kilometer herbei, obwohl es genug andere, dichter am Futter gelegene Nestplätze gab. Tatsächlich zog ein Tier für einige Tage in unmittelbare Nähe des Gartens um, kehrte danach aber wieder in sein entfernteres Nest zurück. Auch der Igel aus dem so praktisch nahe gelegenen Bohnenbeet zog um und richtete sich in einem Dickicht ein, das dreimal so weit vom Futternapf entfernt lag. Igel gruppieren sich also nicht um eine regelmäßige Futterquelle.

Auf dem Golfplatz lebten etwa 50 Igel in der für Igelfüße «erlaufbaren» Reichweite unseres unter Beobachtung genommenen Futternapfes, aber wahrscheinlich ließ sich davon weniger als ein Drittel während eines Jahres dort sehen.

Streben Igel nach dem Aufwachen schnurstracks zum Futterplatz?

Hätte eine Schale voll Brot und Milch eine unwiderstehliche Anziehungskraft auf Igel, könnten wir annehmen, daß die Tiere den kürzesten Weg vom Nest zur Schale zurücklegen und ohne Verzögerung dorthin eilen. Tatsächlich versuchte das aber kaum einer unserer Igel. Häufig verließen sie ihr Nest und machten sich erst einmal in die entgegengesetzte Richtung auf den Weg. Mindestens die Hälfte lief doppelt so weit, als es nötig war. Einer legte über 1,2 Kilometer zurück, ehe er bei der Schale eintraf, die auf kürzestem Weg nur 200 Meter entfernt gewesen wäre.

Meistens brauchten die Igel das Doppelte der erforderlichen Zeit, um die Futterschale zu erreichen. Mehrere blieben auch zwei bis drei Stunden unterwegs, wenn sie es in 15 Minuten hätten schaffen können. In manchen Nächten machten sie sich überhaupt nicht die Mühe zu erscheinen, sondern streiften statt dessen die ganze Zeit auf dem Golfplatz umher. Häufig vertrödelten sie auch zehn Minuten oder noch mehr (eineinhalb Stunden in einem Fall) mit dem Umwerben anderer Igel, obwohl die

Paarungszeit schon zu Ende war. Einige Tiere saßen einfach längere Zeit absolut untätig herum; Brot und Milch, die ganz in der Nähe auf sie warteten, ließ sie völlig gleichgültig. In einigen Fällen wanderten die Igel zwar zu dem Garten, kümmerten sich dort aber überhaupt nicht um die Futterschale.

Die Igel zeigten ganz und gar unterschiedliches Verhalten; sie taten, was ihnen gefiel, und benahmen sich nicht wie kleine Roboter, um damit unseren Vorstellungen über ihr Tun und Treiben zu entsprechen.

Sind Igel einem Garten «treu»?

Was jetzt kommt, wird viele Leute enttäuschen: In 17 Nächten besuchten mindestens 11 verschiedene Igel unsere Hauptfutterschale. Die sechs mit Mini-Sendern versehenen (sie alle erschienen an der Schale) zeigten uns, daß sie nicht einfach vom Golfplatz herüberkamen, um an der bestimmten Schale zu fressen und danach wieder die Suche nach natürlicher Nahrung aufzunehmen. Sie alle statteten auch anderen Gärten ihren Besuch ab. Manchmal mußten sie wegen igelsicherer Zäune und Mauern beschwerliche Umwege durch Gartenpforten und verborgene Schlupflöcher – hinein wie hinaus – auf sich nehmen; normalerweise aber streiften sie von Garten zu Garten und naschten auf ihrem Weg von Nachbars Futterschale. Der einzelne Garten hat also keinesfalls seine eigenen Stammgäste. Außerdem verließen die Tiere in manchen Nächten den Garten, in dem wir unsere Beobachtungen anstellten, ganz, und strebten anderen Gärten an einer 200 Meter entfernten Straße zu.

Diese Erkenntnisse beantworten noch eine andere Frage: Offensichtlich stecken Igel kein Revier ab, um «ihre» Futterschale darin zu verteidigen. Es mag vorkommen, daß sie ein anderes Tier, das zur gleichen Zeit zu fressen versucht, abwehren. Ängstliche Igel vermeiden eindeutig den Konkurrenzkampf mit anderen. Indes unternahm selbst unser aktivster und dominierendster männlicher Igel überhaupt nichts, um sich die Exklusivrechte für Garten und Futterschale zu sichern.

Wieviel Brot und Milch frißt ein Igel?

Vor und nach jeder Mahlzeit der einzelnen Igel wogen wir die Futterschale und notierten uns die Zeit, die sie brauchten, um ihre Menge an Brot und Milch zu fressen. Die größte Portion, die je einer von ihnen auf einen Sitz verschlang, waren 94 Gramm (über 10 Prozent des Eigengewichts; das entspräche beim Menschen etwa 8 Kilo Haferflockenbrei). Normalerweise fraßen die Tiere nur die Hälfte dieser Menge, kamen aber häufig später noch einmal für eine weitere Mahlzeit zurück. Einer schlürfte sich im Laufe eines Abends durch 157 Gramm.

Gesamthaft lag die durchschnittliche Verzehrquote bei 7 Gramm pro am Napf verbrachter Minute. Es ist jetzt also möglich, Fütterungen mit Hilfe einer Uhr zu messen und die Freßmenge jedes einzelnen Igels zu veranschlagen, indem man die Minutenzahl mit 7 Gramm multipliziert.

Hält die Fütterung Igel davon ab, genügend natürliche Kost zu fressen?

Wir können diese Frage nicht einwandfrei beantworten, da niemand weiß, was «genügend» heißt. Außerdem haben wir bisher noch keine genaueren Schätzungen darüber, wieviel natürliche Nahrung Igel in einer Stunde oder an einem Abend fressen (aber wir arbeiten daran). Wir können jedoch sicher sein, daß keiner unserer beobachteten Igel sich allein von Brot und Milch ernährte. Sie fressen vielleicht gern und viel davon, dennoch verbringen sie eine Menge Zeit mit normaler Futtersuche. Das ist genau der Grund, warum es so lange dauerte, bis sie bei der Futterschale ankamen oder häufig auch überhaupt nicht erschienen. Sie waren damit beschäftigt, entweder auf dem Golfplatz oder in den angrenzenden Gärten natürliche Nahrung aufzulesen. Nach einem ausgiebigen Mahl am Napf saß ein Igel häufig eine halbe Stunde lang ruhig im Gebüsch – zweifellos leise rülpsend –, aber bevor er in sein Nest zurückkehrte, ging er noch einmal auf Beutezug. Es besteht also keine Gefahr, daß Igel ihre natürliche Ernährung aufgeben und nur noch von Brot und Milch leben.

Was passiert, wenn man die «armen» Igel nicht füttert?

Wir unternahmen das Experiment, einige Nächte kein Futter in die Schale zu füllen, um herauszufinden, ob die Igel, auf Futter wartend, im Gebüsch sitzen oder sich woanders hinwenden würden. Die Reaktionen waren verschieden: Einige wanderten zum Napf des Nachbarn und einer schoß, als ob er's nicht glauben könnte, wie wild hin und her (doch schon in der nächsten Nacht schnupperte er nur kurz an der leeren Schale und verschwand sofort wieder). Ein anderes Tier kam fünfmal in einer Nacht hoffnungsvoll zurück. Kein einziges saß nur einfach da und wartete, alle suchten und fanden anderes Futter.

Wir wiederholten das Experiment noch einmal in meinem eigenen Garten, allerdings über sehr viel kürzere Zeit hinweg und an nur drei Tieren. Die Ergebnisse waren annähernd gleich; keiner der Igel lebte im Garten selbst, sie strebten nicht schnurstracks auf die Futterschale zu (selbst dann nicht, wenn sie den Garten schon erreicht hatten) und legten keine Eile an den Tag; alle verbrachten die meiste Zeit mit natürlicher Futtersuche.

Es sieht demnach so aus, als seien Milch und Brot zwar eine willkommene Ergänzung der Igelkost, aber bestimmt keine Gefährdung einer vernünftigen Lebensweise, wie viele Leute glauben. So erstaunlich ist das schließlich gar nicht. Betrachten Sie einmal unser Verhältnis zu Imbißständen. Dort gibt es reichlich warmes, nahrhaftes und billiges Essen, und schmecken tut es auch. Wir müssen nicht selber kochen und haben auch keinen lästigen Abwasch. Warum also leben wir nicht alle in nächster Nachbarschaft einer solchen Imbißstube und essen dort jeden Abend? Und warum gibt es sonntags, wenn sie geschlossen ist, kein allgemeines Wehklagen und Hungern?

Sind Brot und Milch geeignetes Igelfutter?

Es gibt nur wenige informative Veröffentlichungen über Igelmilch. Eine Analyse immerhin sagt aus, daß sie konzentrierter ist als Kuhmilch und zweimal soviel Eiweiß und über doppelt soviel Fett enthält. Kuhmilch ist also für Igel nicht so gut wie Igelmilch. Sie soll sogar unverträglich sein und Durchfälle hervorrufen.

Ist das richtig? Zumindest stimmt es nicht mit der «Milchzeit ist jederzeit»-Werbung überein. Auch wird die Tatsache übersehen, daß alle Säugetiere in den ersten Lebenswochen vollständig von Milch abhängig sind. Sicher – das ist Milch von ihrer Mutter und nicht von einer Kuh; aber Kuhmilch enthält nichts wirklich Giftiges. Im Gegenteil, sie ist eine hervorragende Mischung aus Zucker, Fett und Eiweiß; genau das, was Tiere benötigen. Was sollte es schaden, sie zu trinken? Der Durchfall, an dem manche Tiere leiden, kann ja auch durch etwas ganz anderes hervorgerufen worden sein. Dieser Punkt kann leicht durch eine Reihe von Experimenten (siehe Seite 101) geklärt werden, und es scheint,

daß Igel tatsächlich die «Rennerei» bekommen, wenn zuviel Milch in ihrer Kost enthalten ist.

Wegen Resistenzverminderung und zunehmender Krankheitsanfälligkeit (vermutlich infolge der fortschreitenden chemischen Zerstörung einer gesunden, natürlichen Ernährungsbasis) warnen Tierärzte und Igelexperten davor, daß auch verdünnte Kuhmilch nicht mehr für alle Igel gleich gut verträglich ist. Beim geringsten Anzeichen von Durchfall oder Erbrechen soll daher auf jegliche Verabreichung von Milchprodukten verzichtet werden.

Daher ist es wohl am besten, dafür zu sorgen, daß die Kost vielseitig ist und nicht ausschließlich aus Brot und Milch besteht. Bei freilebenden Igeln ist es sowieso unwahrscheinlich, daß sie nur von dieser unnatürlichen Nahrung leben (siehe S. 97). Machen Sie sich also keine Sorgen über die abendliche Brot-und-Milch-Schale. Igel in Gefangenschaft sollten allerdings eine vielseitigere Kost, wie Katzen- oder Hundebüchsenfleisch, Trockenfutter, Mehlwürmer und anderes angeboten bekommen.

Brot und Milch, so wird behauptet, machen dick und sollten aus diesem Grunde nicht in großen Mengen während der Nistzeit an Vögel verfüttert werden, da sie ihre Jungen damit ernähren und diese aus Eiweißmangel im Wachstum gehemmt würden. Für Igel indessen ist eine solche «Mastkost» genau das, was sie brauchen, besonders im Herbst. Sie müssen mindestens ein Viertel ihres Körpergewichtes als Fettreserve ansetzen (das entspricht 16 Kilo bei einem ausgewachsenen Mann), und dazu stehen ihnen nur wenige Wochen zur Verfügung. Dieses Fett dient während des Winterschlafs als wichtige Isolation und als Futter.

Im Sommer stellt sich Igeln (und vielen anderen ihre Nahrung am Boden suchenden Tierarten) das Problem mit der Trockenheit. Nach einer oder mehr Wochen ohne Regen lassen sich besonders Würmer nur noch schwer finden und viele andere wirbellose Tiere auch; und das gerade zu einer Zeit, wenn Jungigel das Nest verlassen und versuchen, für sich selbst zu sorgen. Unter solchen Umständen kann zusätzliches Futter und Getränk *(jeglicher* Art) den Unterschied zwischen Tod und Leben bedeuten. Die lange Trockenperiode 1976 machte den Boden derart hart und trocken, daß der Igelbestand in unserem nahegelegenen Park nahezu ausgelöscht wurde. Igel aus benachbarten Gärten dagegen hielten sich zahlreich, was zweifellos den vor die Türen gestellten Futter- und Getränkeschalen zu verdanken war.

Kritiker argumentieren, daß Igel, denen Brot und Milch zur Verfügung stehen, sich mehr als ihnen guttut, damit vollstopfen. Ist das so schlimm? Tun wir das schließlich nicht auch manchmal selber? Außerdem wird behauptet, daß die Tiere sich an Milch und Brot zu satt fressen, was ein minderwertiger Ersatz für die natürliche Nahrung sei, die zu suchen sie nun nicht mehr für nötig halten. Aber wo gibt es dafür Beweise? Niemand weiß, wohin ihre nächtlichen Streifzüge die Igel führen, und was sie dabei treiben. Wo ist der Beweis, daß eine Brot-und-Milch-Mahlzeit die normale Futtersuche beeinflußt? Um etwas Licht in diese Angelegenheit zu bringen, führten meine Studenten und ich eine Untersuchung (wieder mit Sender und Empfänger) an einigen Igeln aus, von denen man wußte, daß sie Gärten besuchten und regelmäßig Brot und Milch verzehrten. (siehe S. 94)

Diese Studie zeigte, daß ein solch zusätzliches Futter das Verhalten nicht entscheidend beeinflußt, sondern nur als Beigabe zur natürlichen Nahrung dient, die während der restlichen Nacht gesammelt wird. Was wir brauchen, sind mehr Untersuchungen und Informationen dieser Art, damit wir mit *Tatsachen* arbeiten können und nicht nur mit *Vermutungen*.

Brot und Milch sind kein ideales Futter, und sie sollten niemals Hauptbestandteil einer Igelkost sein. Sie dienen nur als Zusatz zur natürlichen Nahrung, und wenn die Tiere in Mangelzeiten eine damit gefüllte Schale vorfinden, ist das bestimmt willkommen – vielleicht sogar die Rettung und ganz sicherlich besser als ein langsamer Hungertod. Viele Igel scheinen sie ihrem natürlichen Futter sogar vorzuziehen, und häufig kann man beobachten, wie sie gierig Brot und Milch verschlingen, während Schnecken, die sie normalerweise ergreifen und fressen würden, daneben fast unbehelligt bleiben.

Vielleicht sollte das letzte Wort in dieser Sache von den Igeln selbst kommen. Während ich schreibe, ist draußen in der Dunkelheit leises, betriebsames Scharren zu hören. Mir scheint, unsere Igel stimmen mit ihren Füßen und Klauen ab. Während der letzten paar Wochen sind sie regelmäßig zur Brot-und-Milch-Mahlzeit gekommen; einige waren auch schon letztes Jahr hier.

Sie zeigen keinerlei Anzeichen von Magenschmerzen und sehen rund und gesund aus. Sollte ihnen unsere Milch und unser Brot tatsächlich nicht guttun, dann haben sie einen Hang, in Selbstbestrafung zu schwelgen.

Reine Brot-und-Milch-Kost ist nicht ideal

Für unser Experiment benutzten wir vier vorübergehend in Pflege gehaltene Igel (drei Weibchen, ein Männchen) und fütterten sie mit einem bestimmten Hundefutter, dem wir zerbröckelte Hundekekse beimengten. Wir wußten, daß dies eine gute normale Igelkost ist. Außerdem stellten wir den Tieren reichlich Wasser zum Trinken hin.

Bei dieser Ernährung war der Kot der Igel fest und dunkelbraun. Dann fütterten wir sie zehn Tage lang ausschließlich mit Milch und Brot, was zu grüner, nasser Kotabgabe führte. Erneut auf Hundefutter umgestellt, war nach einer Woche alles wieder in Ordnung. Dann verabreichten wir einige Tage lang Brot und Wasser, Kekse und Wasser und schließlich Kekse und Milch. Zwischen jeder Versuchskost lag eine kurze Zeit mit Hundefutter. Die Milchmahlzeiten verursachten eindeutig Durchfall und grünlichen Kot, aber das lag, zumindest teilweise, am übermäßigen Flüssigkeitsgehalt dieser Kost, denn auch mit Wasser vermischtes Brot oder Kekse führten zu ziemlich lockerem Kot.

Die Ergebnisse waren bei allen vier Tieren gleich. Das zeigt also, daß eine reine Brot-und-Milch-Kost nicht ideal ist. Allerdings hielten alle vier Igel während der achtwöchigen Versuchszeit ihr gesundes Körpergewicht. Sonntags wurden sie nicht gefüttert, und ihr Gewicht fiel während der Wochenenden rapide ab, stieg aber im Laufe der Woche wieder auf die Ausgangswerte an, gleich ob sie nun Brot und Milch oder irgend etwas anderes erhielten.

Fazit: Brot und Milch sind keine ideale Kost und sollten möglichst ergänzt werden. Aber Igeln geht es mit Brot und Milch als Beigabe zu ihrem natürlichen Futter viel besser als ohne diese Hilfe.

Igel markieren und erkennen

Bei einiger Übung ist es möglich, kleine Verschiedenheiten in Form, Größe und Verhalten einzelner Igel zu erkennen. Indes sehen sich viele, vor allem im Dunkeln, doch zum Verwechseln ähnlich. Viele Leute sind überzeugt, sie seien imstande, «Winston, das kräftige Männchen» und andere wilde Gesellen wiederzuerkennen, aber wahrscheinlich sehen sie dabei sehr viel mehr Tiere, als sie ahnen. Nur wenn man sie selber markiert, kann man mit Sicherheit die individuelle Identität der einzelnen Tiere feststellen. Dieses Markieren erlaubt die Beobachtung, wie viele Igel Ihren Garten besuchen (für gewöhnlich mehr, als Sie denken), wie oft sie kommen, und wie sie sich zueinander verhalten.

Am besten lassen sich Igel markieren, indem man die obere Stachelhälfte mit giftfreier Farbe bepinselt. Man benutzt schnelltrocknende Farbe und markiert damit einen Fleck von etwa drei Zentimetern Durchmesser, möglichst so, daß die Stacheln sich nicht verfilzen und keine Farbe auf die Igelhaut oder das Fell gerät. Weiße Farbe ist im Strahl der Taschenlampe am besten zu erkennen. Man muß streng darauf achten, daß keine Farbe in die Nähe von Gesicht oder Ohren des Tieres kommt.

Man kann die Igel auch mit Zahlen versehen, aber diese sind oft schwierig zu erkennen. Es ist besser, Farbflecke nach einem vorher ausgearbeiteten Code-System zu benutzen. Man stellt sich zum Beispiel das Tier in vier Quadrate aufgeteilt vor – rechte Schulter, linke Schulter, rechte und linke Hüfte. Den bestimmten Fleck malt man auf jeweils eine dieser Stellen, und schon hat man vier unterscheidbare Igel. Oder man kann die Flecken-Paare kombinieren (z. B. rechte Schulter plus rechte Hüfte, linke Hüfte plus rechte Schulter usw.). Damit erreicht man zehn verschiedene Muster. Dieses System kann, falls nötig, auf eine größere Zahl erweitert werden, indem man mit vier Flecken auf einem Tier arbeitet oder einen fünften aufs Hinterteil setzt, einem Wildhasen ähnlich (siehe Darstellung).

Die Farbflecke bleiben bis zu sechs Monaten sichtbar, manchmal auch noch länger. Allerdings verschmutzen sie schnell und

Tier Nr.	Rechte Schulter	Rechte Hüfte	Linke Schulter	Linke Hüfte	Datum des 1. Einfangens	Geschlecht	Gewicht
1	X						
2		X					
3			X				
4				X			
5	X	X					
6	X		X				
7	X			X			
8		X	X				
9		X		X			
10			X	X			

sind nach einigen Wochen nur noch bei genauem Hinsehen erkennbar.

Arbeitet man nach diesem aufgeführten Schema, um die Tiere wiederzuerkennen, gibt man ihnen Namen und Nummern. Hat man erst einmal einen Bestand an markierten Tieren, kann man wirklich interessante Studien betreiben. Erstens: Wieviele Igel kommen in den Garten? Manche Leute meinen, sie hätten ein oder zwei der Tiere, in Wirklichkeit aber sind es acht oder zehn Stück.

Dann kann man herausfinden, ob die Dreisten oder die eher Zurückhaltenden sich immer so verhalten, oder nur wenn sie allein sind. Wie lange kommen bestimmte Tiere regelmäßig? Bleiben Junge da, oder setzen sie sich ab? Wie verhält sich ein Igel dem anderen gegenüber?

Dies ist ein hochinteressantes Gebiet, da es bisher nur sehr wenige Untersuchungen über das Sozialverhalten freilebender Igel gibt. Daher kann selbst eine Amateurstudie willkommene neue Informationen liefern, vorausgesetzt, die Beobachtungen werden systematisch und genau durchgeführt. So vertreiben zum Beispiel manche Igel andere vom Futternapf; aber ist diese Dominanz abhängig von Körpergröße (groß dominiert immer über klein), dominieren Männchen über Weibchen, oder hängt die Stellung in der sozialen Hierarchie von anderen Dingen ab? Eine Untersuchung der «Hackordnung» unter Igeln wäre höchst interessant. An markierten Tieren kann man beobachten, wer wen umwirbt, wer kämpft oder flieht, wer als erster vom Futternapf frißt, und wer wartend im Gebüsch zurückbleibt.

Wir haben auch schon kleine Streifchen ins Stachelkleid geschnitten, wodurch es möglich ist, den Igel noch im folgenden Jahr zu erkennen. So erfährt man, ob es wirklich derselbe ist, der zurückkehrt, wie lange er lebt, und wie viele markierte Tiere nie wieder auftauchen. Tatsächlich fällt ein Großteil in diese letzte Kategorie, woraus zu schließen ist, daß es unter Igeln eine Menge Nomaden gibt. Das alles ist schon sehr interessant für den Anfang – aber sind dies jetzt Jungtiere oder solche, die nach den Beobachtungen in der Hackordnung unten stehen? Vielleicht werden sie auch nur von den seßhaften Igeln vertrieben?

Markierte Igel, die zur Futterschale kommen, machen das Beobachten um vieles interessanter. Im übrigen kann es an Sommerabenden auf einer schwach erleuchteten Terrasse viel Freude machen, Igeln zuzuschauen (ganz abgesehen von den Mäusen, die herbeihuschen, um ein Häppchen Futter zu stehlen, oder einem gelegentlich vorbeischauenden Fuchs). Dieses Schauspiel ist bestimmt meistens dem Fernsehen vorzuziehen.

Eine Dame aus Hertfordshire sandte mir netterweise ihre Aufzeichnungen über Igel-Anwesenheiten von 1982 zu. Sie umfassen 17 Sommerwochen, beginnend Mitte Mai. Sie hatte die Tiere mit verschiedenen Farben markiert und schreibt: «Ich bin erstaunt, wie viele es gibt. Ein plötzlicher Igelansturm ruft eine richtige ‹Farbenkrise› hervor!» Mindestens neun Igel kamen an ihre Futterschale. Die Liste führt auf: «Weiß» kam den ganzen Sommer über immer wieder, wenn auch nicht jede Nacht, während «Rot Zwei», der die Schale erst Mitte Juli entdeckte, danach kaum eine Nacht ausließ. «Gelb» ließ sich im ganzen nur zweimal sehen. Am interessantesten sind vielleicht die Perioden der Abwesenheit. Trotz seines sonst regelmäßigen Erscheinens blieb «Weiß» in Abständen von drei bis zehn Nächten fern, obwohl das Futter bereitstand. «Rot Eins» erschien nur fünfmal in drei Monaten, dazwischen lagen neun, 12, 24 und 28 Nächte. «Blau» tauchte 33 Nächte lang nicht auf und «Gelb Zwei» erschien sogar 40 Nächte nicht. All das läßt darauf schließen, daß für Igel hinausgestelltes zusätzliches Futter sehr willkommen ist, aber nicht zu gefährlicher Abhängigkeit führt. Ganz offensichtlich kommen die Tiere ohne damit aus, und sie tun das häufig auch aus eigenem Antrieb.

Sind chemische Schneckenvertilgungsmittel für Igel gefährlich?

Diese Frage wird mir wohl am häufigsten gestellt. Sie spiegelt eine wichtige und berechtigte Sorge wider, die sich Leute um das Natur- und Tierleben in ihren Gärten machen, sowie ihr Problem im Kampf gegen die Schäden, die Nackt- und Gehäuseschnecken anrichten. Wegen seiner Wichtigkeit wird das Thema Schneckengift hier ausführlich besprochen. Aus dem gleichen Grund habe ich die drei in Großbritannien bekanntesten Firmen, die Schneckenvertilgungsmittel herstellen, angeschrieben und einige detaillierte Fragen gestellt. Zwei Monate später hatte ich von einer überhaupt keine Antwort erhalten und von der zweiten eine höfliche Versicherung, daß keinerlei Grund zur Besorgnis bestehe und daß noch nie eine Beschwerde bei ihnen eingegangen sei. Die dritte schickte einen eingehenden Kommentar und wies auf die Studie hin, die ein Professor Schlatter in der Schweiz durchführte, der anscheinend als einziger dieses Problem, speziell im Hinblick auf Igel, untersuchte.

Der wesentlichste «wirksame Bestandteil» von Schneckenvertilgungsmitteln ist eine Metaldehyd genannte Substanz. Der Grund, warum sie gegen Schnecken eingesetzt wird, ist nicht, weil sie für andere Lebewesen harmlos ist, sondern weil Schnecken schon an einem Bruchteil von dem eingehen, was andere Tiere umbringt. Die Feststellung des genauen Giftigkeitsgrads kann niemals ganz exakt sein, da einige individuelle Tiere resistenter sind als andere. Auch Umweltfaktoren spielen eine Rolle: Zum Beispiel hängt die Wirkung von Metaldehyd auf Schnecken auch vom Wetter ab. Wie auch immer, Schnecken werden mit einem Dosierungsverhältnis von 5–20 Mikrogramm Metaldehyd pro Gramm Schnecke vernichtet; Hunde, Meerschweinchen und Katzen benötigen dagegen 200–1000 Mikrogramm per Gramm – das ist 40- bis 50mal soviel.

Praktisch bedeutet dies, daß das Fressen eines Körnchens oder selbst nur der Kontakt damit schon genügen kann, um eine kleine Schnecke zu töten, ein igelgroßes Tier aber, wie etwa eine Katze oder ein Meerschweinchen, müßte sich Hunderte Körner einverleiben, ehe es einginge.

Das ist die Theorie, die auf Labortests beruht, bei denen untersucht wurde, wieviel Gift – per Gramm Tier – benötigt wird, um 50 Prozent der Versuchstiere zu töten. Aber liefern diese unter künstlichen Bedingungen vorgenommen Labortests wirklich eine gültige Grundlage für die Annahme, daß unsere Gartenigel nicht gefährdet sind? Einige wichtige, ganz bestimmte Fragen bleiben noch offen:

1) Fressen Igel Schneckenköder?

Igel sind Omnivoren und fressen alle möglichen Sachen; allerdings mögen sie im allgemeinen nichts Hartes und Trockenes wie Giftköder, Getreide oder altes Brot. Sie ziehen weichere, feuchtere Nahrung vor, versuchen aber beinahe alles. Um Vögel davon abzuhalten, Schneckenköder zu fressen, mischen einige Hersteller ihrem Produkt blauen Farbstoff bei (man hat herausgefunden, das Vögel weniger oft blaue Gegenstände aufpicken als andersfarbige, aber es ist unwahrscheinlich, daß die nachtaktiven Igel da große Unterscheidungen machen). Die Köder werden auch mit einer Substanz versetzt, die ihnen einen unangenehmen Geschmack und Geruch verleiht, der Haustiere (und Kleinkinder) davon abhalten soll, diese Gifte in größeren Mengen zu konsumieren. Vermutlich würde sie auch bei Igeln ihre Wirkung tun, wenn sie sich überhaupt etwas aus den Ködern machten.

2) Also angenommen, Igel fressen keine Schneckenköder: Was passiert jedoch, wenn sie sich eine vergiftete Schnecke einverleiben?

Tote oder kranke Schnecken geben leichte Beute für einen auf Futtersuche befindlichen Igel ab, so daß er ohne weiteres in einer Nacht ein paar Dutzend finden und verzehren kann. Die zentrale Frage ist hier, ob eine vergiftete Schnecke noch Rückstände von Metaldehyd an oder in sich hat. Vermutlich ist dem nicht so. Aber nehmen wir einmal an, sie enthält noch die Gesamtdosis, die ihren Tod verursachte (vielleicht 50 Mikrogramm bei einer ziemlich großen Schnecke), dann müßte ein Igel eine beträchtliche Anzahl solcher Schnecken fressen, um auf die Giftmenge zu kommen, die ein großes Meerschweinchen – und daher (vermutlich) auch einen Igel – umbringen würde.

3) Sind Pestizide aber nicht kumulative Gifte, die sich im Körper ansammeln?

Manche Insektizide hinterlassen im Körper geringste Ablagerungen, so daß ein Tier, obwohl es niemals eine tödliche Dosis zu sich nimmt, über Monate und Jahre hinweg stetig winzige Mengen hinzufügt, bis sich schließlich genug aufgestaut hat, um tödlich zu wirken. Allerdings gehen die Ansichten, ob Metaldehyd zu diesen Substanzen gehört, auseinander. Und wenn tote Schnecken keine Giftrückstände enthalten, die dem Igel schaden könnten, sollte es da kein Problem geben.

4) Können wir sicher sein, daß an Meerschweinchen, Ratten, Hunden und Katzen ausgeführte Toxizitäts-Tests tatsächlich auch auf den Igel zutreffen?

Igel sind möglicherweise (mehr oder weniger?) empfindlicher als diese Labortiere. Können wir daher von einer Art auf andere schließen? Wieder müssen wir uns Professor Schlatter zuwenden; er testete Metaldehyd an Igeln, und seine Ergebnisse weisen darauf hin, daß jene etwa die gleiche Empfindlichkeit haben wie Katzen und Meerschweinchen. Professor Schlatter schreibt, daß im Durchschnitt etwa 250 Milligramm Metaldehyd nötig sind, um einen 500 Gramm schweren Igel zu töten; eine Menge, die wohl kaum je ein Igel zu sich nimmt.

Allerdings bezieht sich diese ganze Erörterung auf tödliche Dosen Metaldehyds, und wir haben nicht in Betracht gezogen, welche Wirkung kleinere Mengen haben könnten. Es liegen beweiskräftige Aussagen von Fachleuten (aus der Schweiz und der Bundesrepublik Deutschland) vor, nach denen speziell Igelkinder (zwischen 250–550 Gramm) beobachtet wurden, wie sie sich nach der – z. T. mehrmaligen und sich über Tage erstreckenden – Aufnahme vergifteter Schnecken in Krämpfen wanden und aus der Schnauze schäumten.

Jüngste Katastrophen in der chemischen Industrie (z. B. mit Dioxin im italienischen Seveso), Befürchtungen wegen der weitverbreiteten Benutzung bestimmter Herbizide, wie sie etwa im Vietnamkrieg als Entlaubungsmittel eingesetzt wurden, und die Beschwerden von Menschen, die in der Nachbarschaft einer ehemaligen chemischen Mülldeponie leben, beweisen alle, wie ernst auch nicht tödliche Mengen gefährlicher Chemikalien sein können. Krankheit, Schwindelgefühl, Geburtsfehler und Unfruchtbarkeit können schon von verschwindend kleinen Mengen verursacht werden. Niemand darf also absolut sicher sein, daß unsere Igel nicht gefährdet sind, wo chemische Gifte verwendet werden. Es gibt auch weniger auffällige Pflanzenschutzmittel, die vielleicht noch schlimmer sind als Schneckengift. Wir wissen es einfach nicht. Der beste Rat muß daher sein, sämtliche chemischen Pflanzenschutzmittel sparsam und nur nach Gebrauchsanweisung zu benutzen, sonst kann es leicht passieren, daß Sie Ihrem Igel – zusammen mit den beabsichtigten Opfern – Schaden zufügen.

Allesvernichter

Wie läßt sich das Risiko verringern, daß Igel (und andere Tiere) Schneckenköder fressen?

Wo aus triftigen Gründen nicht darauf verzichtet werden kann, beachten Sie bitte:

1. Kaufen Sie nur Produkte, die einen blauen Farbstoff enthalten, um Vögel abzuschrecken, und denen eine spezielle Substanz beigemengt ist, so daß sie für den Geschmack eines Igels scheußlich schmecken.

2. Streuen Sie die Köder in Rohrstücke oder in schmale aus Ziegelsteinen gebaute Tunnels, wo Igel sie nicht erreichen können.

3. Entfernen oder vergraben Sie alle toten Schnecken, die Sie finden.

4. Ziehen Sie alternative Methoden der Schneckenvernichtung (z. B. mit Bier getränkte Schneckenfallen) in Betracht. In der Schweiz ist seit drei Jahren das neue, völlig giftfreie und sehr wirksame (flüssige) Schneckenanlock- und Vertilgungsmittel «Biogard» auf dem Markt.

Sie können natürlich auch darüber nachsinnen, ob Igel oder Salate wichtiger sind. Letztere können Sie in jedem altbewährten Gemüsegeschäft kaufen.

Schließlich denken Sie vielleicht noch daran, in welchen Mengen Igel Schnecken und andere Gartenschädlinge fressen. Wenn Sie durch unbedachten Gebrauch von Pflanzenschutzmitteln Ihre Igel töten oder krank machen, dann frohlocken und vermehren sich Ihre Schädlinge. Diese haben nun weniger natürliche Feinde und Sie stehen am Ende womöglich mit einem größeren Problem da als zu Beginn.

Lebensdauer und Lebenserwartung

Die ersten vier Wochen eines Igellebens sind wahrscheinlich auch schon die letzten. Etwa 20 Prozent aller Igeljungen verenden, noch ehe sie von der Mutter unabhängig sind. Haben sie erst einmal das Nest verlassen und sind auf sich selbst gestellt, benötigen sie unbedingt genügend Futter. In trockenen oder kalten Sommern kann das schwierig werden und zu weiterer Sterblichkeit führen. Aber in normalen Jahren nähren sie sich gut und wachsen stetig bis zu einem Gewicht von etwa 600 Gramm, ehe es im Oktober/November Zeit zum Winterschlaf ist. Den im Frühsommer Geborenen bleibt zur Nahrungssuche reichlich Zeit, während spätgeborene Junge da ein ernstes Problem haben (s. S. 67). Die nächste große Hürde ist der Winterschlaf. Viel hängt von der Länge und Schwere des Winters ab und welche Fettreserven sich das Tier vor Winteranfang anfressen konnte.

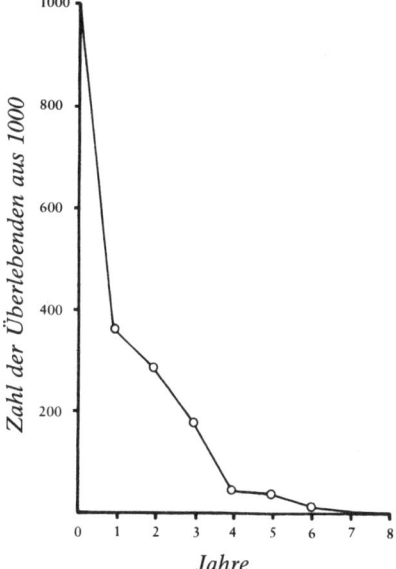

Die Wechselfälle des frühen Lebens sind so, daß nahezu drei Viertel aller geborenen Igel ihren ersten Geburtstag nie erreichen. Haben sie aber bis dahin überlebt, sieht die Lage rosiger aus und die Chancen, den nächsten Winter zu überleben, steigen. Igel haben von natürlichen Feinden wenig zu befürchten, und hohes Alter beginnt nicht vor dem vierten bis fünften Lebensjahr. Sehen nur weniger als ein Drittel Jungigel das folgende Jahr, so ist unter Alttieren die Überlebensrate doppelt so hoch. Zwei Drittel der in diesem Jahr lebenden, erwachsenen Igel werden auch nächstes Jahr wieder da sein.

Nachdem ein Igel das Nest seiner Mutter verlassen hat, beträgt seine durchschnittliche Lebenserwartung zwei Jahre. Vier von tausend Igeln erreichen vermutlich ein Alter von zehn Jahren, aber ein noch längeres Leben ist wohl schon eine große Ausnahme. (Bisherige Untersuchungen an Wildigeln haben ein Höchstalter von sieben Jahren erbracht.)

Altersbestimmung bei Igeln

Es gibt keine einfache Art der Altersbestimmung, besonders nicht bei lebenden Tieren. Große sind wahrscheinlich älter, aber Form und Größe sind auch wieder so variabel, daß einige Einjährige das doppelte Gewicht eines Vierjährigen aufweisen können. Manche Igel «sehen alt aus», aber wer soll wissen, ob sie es wirklich sind oder nicht? Ganz sicher gehen kann man nur, wenn man eine der recht komplizierten Labormethoden anwendet, wie Biologen sie benutzen.

Man hat herausgefunden, daß Igel in ihren Knochen (besonders im Unterkiefer) ihrem Wachstum entsprechend «Alterslinien» entwickeln, genau wie die Altersringe bei Bäumen. Während des Sommers, wenn der Igel aktiv ist und sich gut nährt, wächst der Knochen, aber im Winterschlaf stagniert der Knochenwuchs und die Fortbildung ist unterbrochen. Sammelt man nun Kieferknochen von toten Igeln und fertigt dünne Schnitte an, kann man unter dem Mikroskop jene abwechselnden Streifen von Wachstum und Winterruhe erkennen. Die Anzahl der Linien zeigt das Alter des Tieres an.

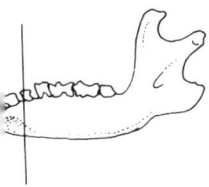

Teil des unterm
Mikroskop untersuchten
Kieferknochens

Zahn

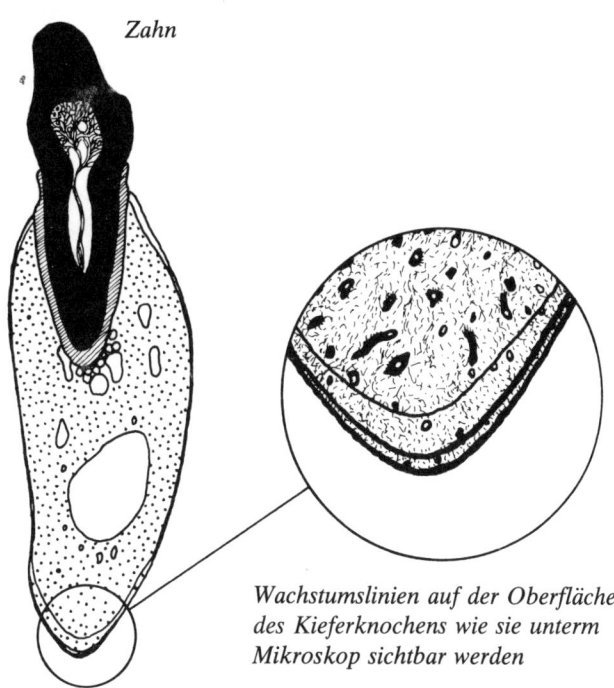

Wachstumslinien auf der Oberfläche
des Kieferknochens wie sie unterm
Mikroskop sichtbar werden

Todesursachen

Die größte Lebensbedrohung besteht für die meisten Igel im Winterschlaf. In dieser Zeit sind sie wehrlos gegen Überschwemmung, Kälte, Störung und Vernichtung ihrer Nester. Und immerzu verbrauchen sie die kostbaren und unersetzlichen Fettreserven, die, je nach Winter, ausreichen oder nicht, ehe im Frühling die Futtersuche wieder ergiebig wird.

Außer diesen physischen und physiologischen Problemen des Winterschlafs hat der Igel wenig zu fürchten. Ausgewachsene Tiere sind im Gegensatz zu vielen kleinen Säugern, die jeden Tag ein gewaltiges Risiko laufen, als Futter eines Feindes zu enden, gegen Angriffe nahezu immun. Dachse, Iltisse und selbst Waldkäuze wagen sich ab und zu an einen Igel, aber ihre Chancen, ihn zu töten, sind gering, außer im Fall eines sehr jungen Tieres, dessen Stacheln dünn und dessen Haut und Einrollmuskeln noch nicht voll entwickelt sind. Igelstückchen sind in Mägen und Kot von in Stadtnähe lebenden Füchsen allgemein üblich, aber vermutlich stammen sie eher vom Auflesen auf den Straßen plattgefahrener Kadaver als von vorsätzlichem Reißen. Füchsen wird nachgesagt, daß sie zusammengerollte Igel ins Wasser schubsen und töten, wenn diese sich dort entrollen. Angenommen, ein Fuchs würde sich tatsächlich überhaupt diese Mühe machen, dann hätte er es noch immer nicht leicht, den Igel zu töten. Wildhüter (in Großbritannien) und Autos sind ebenfalls für etliche Igeltode verantwortlich.

Obwohl Igel vor Feinden ziemlich sicher sind, neigen sie doch sehr zu Unfällen. Besonders erfolgreich sind sie beim Hineinfallen in Dinge. Vielleicht deshalb, weil die abfedernde Wirkung ihrer Stacheln (s. S. 25) keine Angst vorm Fallen aufkommen läßt. Jedenfalls stürzen sie überall in Löcher, Baugräben, Müllgruben, Swimmingpools und Gartenteiche (s. S. 89). Auch Viehroste – Texasgrills genannt – wirken wie Fallen. Ich habe von einem solchen Bodengitter gehört, in dem 52 Igel starben. Vor einiger Zeit begann in Schottland eine Kampagne mit dem Ziel, die Ortsbehörden dazu zu bringen, Rampen oder Flucht-

tunnels in diese Viehroste einzubauen, damit unachtsame Igel sich wieder befreien können. Die «Hedgehog Preservation Society» (Gesellschaft zur Erhaltung der Igel) tut das Gleiche in England und Wales. Zweifellos würden solche Fluchtwege auch für zahllose Kröten, Wassermolche, kleine Säugetiere, Käfer und niedrigere Lebensformen, die ansonsten am Boden dieser Viehroste zusammen mit den Igeln verhungern müßten, eine zweite Lebensfrist bedeuten.

Wenn Igel in Viehroste fallen, verschwinden sie vielleicht auch in den Gullys der Vorstädte? Viele haben ein Gitter im Rinnstein mit einer angrenzenden Öffnung von 30 cm × 15 cm im Bordstein, ohne weiteres groß genug, um einem naseweisen, auf Erforschung des Straßenrandes erpichten Igel Einlaß zu gewähren. Vielleicht sterben viele Igel auf diese Weise, obwohl niemand untersucht hat, ob dem so ist oder nicht.

Auch was Igel fressen, stellt eine Gefahr für sie dar, weil sie von nahezu allem probieren, was in Reichweite ist, und da kann auch Schädliches darunter sein. Äußerst wichtig ist die Tatsache, daß ihre häufigste Nahrung (Schnecken, Raupen, Käfer usw.) genau die Lebewesen sind, die Bauern und Gärtner mit Pestiziden zu vernichten suchen. Wahrscheinlich ist heutzutage die meiste natürliche Igelnahrung mit kleinen Mengen solcher Gifte verseucht; zu wenig, um das Opfer zu töten, aber genug, um seine Lebensfunktionen zu verlangsamen, so daß es zur leichten Beute für Igel wird. Ein Käfer mag vielleicht nur eine winzige Menge DDT enthalten, aber der Igel frißt 20 davon in einer Stunde, Hunderte in einer Woche und speichert so stufenweise mehr und mehr giftige Substanzen im eigenen Körper auf. Wer weiß schon, welche Wirkung einige dieser Gifte zeitigen können?

Was wir aus Untersuchungen an Vögeln erfahren haben, ist, daß chlororganische Pestizide (z. B. DDT, Aldrin, Dieldrin), die speziell für den Einsatz gegen die Art von Ungeziefer gedacht sind, die Igel gerne fressen, vom Körper nur schwer wieder abgestoßen werden. Sie sammeln sich langsam in der Leber und im Fett an. Fett benötigen Igel wiederum, um über den Winter zu kommen. Baut ein Tier nun während des Sommers pestizidverseuchtes Fett auf, legt es damit vielleicht den Grundstein zu seiner eigenen Vernichtung, wenn es dieses Fett im Winterschlaf dann wieder verbraucht. Bisher gibt es noch keine Untersuchungen über Igel und Pestizide, allerdings brachten ein oder zwei Studien an Fledermäusen (die sich ebenfalls von wirbellosen Tieren ernähren und Fettreserven für den Winterschlaf speichern) zutage, daß sie durch die Pestizidverseuchung ihrer Opfer ernsthaft gefährdet sind.

Requiem für einen Igel

Er mußte nicht unterm Autorad,
Nicht an Viren noch Käfern verrecken,
Ach nein, ihr törichten Gärtner, er starb
An EUREN VERGIFTETEN SCHNECKEN.
(Von Avon Wildlife)

Igel sind auch anfällig für unverschuldete Unfälle. Viele müssen sterben, wenn Gartenabfälle zusammen mit den Igeln, die sich hineinverkrochen haben, um in Frieden den Winter zu überschlafen, verbrannt werden. Andere geraten beim sommerlichen Rasenmähen in die Maschinen. Igel mit Stellen abrasierter Stacheln sind gewiß keine Seltenheit, und ich persönlich habe einen dreibeinigen gesehen (die Wunde war völlig verheilt, der Igel putzmunter), der wahrscheinlich ein solches Schicksal erlitten hatte. Auch durch eigenes dummes Verhalten bringen sich Igel in tödliche Gefahr, wie zum Beispiel einer, der dabei entdeckt wurde, wie er die säurehaltige Verkrustung einer alten Autobatterie ableckte.

Igel als Krankheitsträger

Igel sind Träger einer ganzen Anzahl von Viren, Bakterien und mikroskopischer Organismen, die bei ihnen selbst oder bei anderen Tieren schwere Erkrankungen hervorrufen können. So enthalten die Nieren beispielsweise häufig Leptospiren, winzige Bakterien, die sich im Urin verteilen und zu Erbrechen und Fieber führen. In den Eingeweiden finden sich Salmonellen, Bakterien, die Lebensmittelvergiftung verursachen. Wollte man eine Liste all solcher potentieller Scheußlichkeiten aufstellen, müßte der Igel wie eine Krankheitszeitbombe wirken, als eine wahre Bedrohung der öffentlichen Gesundheit. Aber man muß das im richtigen Verhältnis sehen: Die meisten dieser Dinge wurden auch an anderen Säugetieren verschiedentlich festgestellt, und ein Igel bedeutet keine größere Gefahr als irgendein anderes Tier.

In manchen Bereichen ist er erfreulicherweise sogar eine geringere Bedrohung. So scheint er zum Beispiel kein Überträger von Tollwut zu sein wie etwa der Fuchs. Und noch eine gute Nachricht: Igel sind keine Mittäter des Dachses, was die Ausweitung der Tuberkulose unter Rindern betrifft. Es sind zwar nur wenig Tests an Igeln gemacht worden, aber diese Tiere scheinen Tb tatsächlich kaum zu übertragen. Andererseits *können* sie Maul- und Klauenseuche weitergeben. Im Falle eines Ausbruchs dieser Krankheit ist leicht zu verstehen, daß Igel sie während ihrer nächtlichen Streifzüge trotz konventioneller Quarantäne-Vorsichtsmaßnahmen von Herde zu Herde tragen. Interessant ist zu diesem Aspekt auch, daß – wie Experimente bewiesen – ein mit Maul- und Klauenseuche angesteckter Igel nach dem Winterschlaf, wenn er im neuen Jahr seine Aktivitäten wieder aufnimmt, noch Krankheitsüberträger ist. Auf diese Weise kann er zum gefährlichen Überwinterungsreservoir dieser Krankheit werden.

Eine leichtere Krankheit, mit der ich mich ziemlich eingehend beschäftigt habe, ist der Igelgrind. Er wird durch einen Fungus hervorgerufen, ähnlich dem Fußpilz. Es gibt mehrere unterschiedliche Arten, und man findet sie an der Haut verschiedenster Wild- und Haustiere. Gelegentlich stecken Menschen sich an (es verursacht einen juckenden Ausschlag), aber meist läßt es sich rasch wieder kurieren. Interessant ist, daß Igel eine eigene spezielle Art von Grind haben. Er scheint ihnen nicht zu schaden, außer daß bei chronischem Befall die Ohren des Igels anschwellen und verschorfen (aber offensichtlich ohne zu jukken). Dieser Grind wurde zuerst an Igeln in Neuseeland entdeckt und später auch an britischen Tieren festgestellt. Mit Hilfe von Mary English, Mitarbeiterin der Bristol Royal Infirmary, habe ich zahlreiche Igel gesammelt (meist Verkehrsopfer) und errechnet, daß einer aus fünf Träger des Fungus in Haut und Haarwurzeln war.

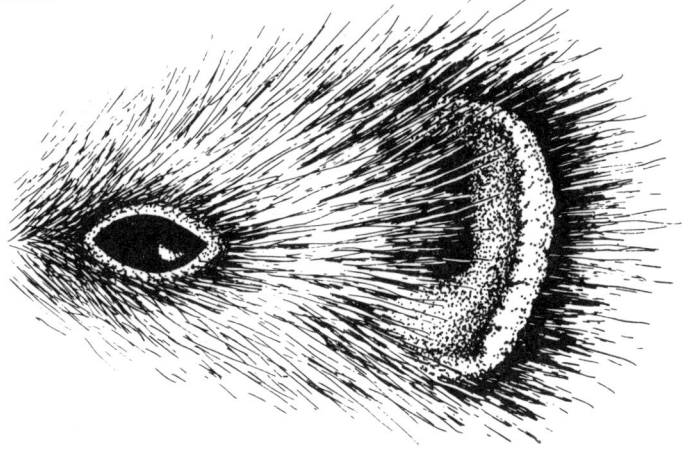

Trockenes, geschwollenes Auge, charakteristisch bei Befall mit Grind

Männchen waren weit häufiger infiziert als Weibchen, und der Kopf war öfter befallen als der übrige Körper. In Städten lebende Igel waren gefährdeter als solche aus ländlichen Gegenden. Unsere experimentellen Versuche, den Fungus von einem Tier auf ein anderes zu übertragen, blieben erfolglos, und selbst da, wo er sich schon festgesetzt hatte, schien er sich nur langsam zu entwickeln und dem Igel keinen Schaden zuzufügen. Igelgrind kann auf den Menschen übertragen werden, aber die Parasiten scheinen so schwach zu sein, daß es kaum vorkommt. Ich habe niemals irgendwelche Schutzmaßnahmen ergriffen, um eine Ansteckung zu vermeiden (außer mir nach der Arbeit mit Igeln die Hände zu waschen), und bisher bin ich verschont geblieben. Es könnte sein, daß Kinder oder Menschen mit sehr zarter Haut sich leichter infizieren, aber das ist recht unwahrscheinlich.

Der Igel scheint als Krankheitsüberträger keinen ernsthaften Anlaß zur Besorgnis zu geben. Zumindest wurde auf dem Kontinent in den letzten 14 Jahren von mehreren tausend tierärztlichen Igelbehandlungen und zahlreichen Sektionen kein Fall über eine für Menschen ansteckende, gefährliche Krankheit bekannt. Vermutlich wird der Igel einmal eher an toxisch bedingten Krankheiten (oder an Futtermangel) zugrunde gehen, als daß sich bei ihm noch eine menschengefährdende Krankheit entwickeln könnte.

Winterschlaf

Über den Winterschlaf bestehen eine Menge falscher Vorstellungen. Allgemein wird angenommen, es handle sich tatsächlich um eine Art Schlaf, nur tiefer und länger andauernd. Aber die Angelegenheit ist viel komplexer, und der Vergleich mit Schlaf ist sehr irreführend. Winterschlaf hat nichts mit Ausruhen oder Erholung zu tun, es ist eine Energiespartechnik. Um zu wachsen, um ihren Tätigkeiten nachzugehen und um ein normal aktives Leben zu führen, brauchen alle Tiere Energie, die sie aus der Nahrung beziehen. Die «Brennstoffzufuhr» des Igels besteht aus Würmern, Käfern und all den Dingen, die er während seiner nächtlichen Streifzüge zu sich nimmt. Bei warmem Wetter ist das kein Problem, aber wenn es kälter wird, werden die wirbellosen Tiere, von denen der Igel sich ernährt, rarer und sind schwerer zu finden. Paßt ein Igel nicht auf, kann es ihm passieren, daß er mit der Futtersuche mehr Energie verbraucht, als er durch die gefundene Nahrung wieder aufnimmt. Insektenfressende Vögel stehen ebenfalls vor diesem Problem, und viele lösen es, indem sie in wärmere Gegenden fliegen, wo es noch reichlich Nahrung gibt. Der Igel kann das nicht und wendet daher eine andere Taktik an:

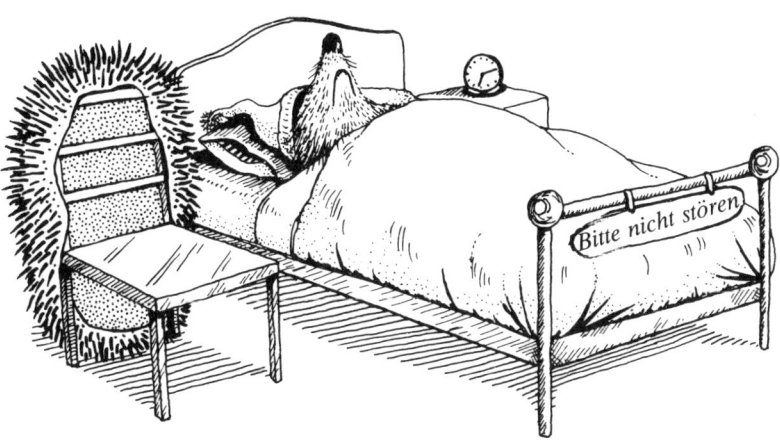

er wird inaktiv und verbraucht so wenig Energie wie möglich, bis Wetter- und Nahrungslage sich wieder bessern.

Den Körper warm zu halten verbraucht mit am meisten Energie, besonders bei den nur schlecht isolierten Igeln. Um Energie zu sparen, geben sie den Versuch einfach auf: Die Stoffwechselwärme sinkt beträchtlich, und die Körpertemperatur fällt von 35°C auf 10°C oder weniger in Übereinstimmung mit der Außentemperatur. Bei sehr großer Kälte tritt eine leichte Stoffwechselsteigerung ein, damit der Körper nicht unter 1°C auskühlt und Erfrierungen oder der Erfrierungstod verhindert werden.

Diese herabgesetzte Körpertemperatur spart eine Menge Energie, aber in der Folge verlangsamen sich alle mit normalen Aktivitäten verbundenen Lebensvorgänge wie Nervenimpulse, Verdauung, Wachstum, Atmung und Bewegung bis beinahe zum

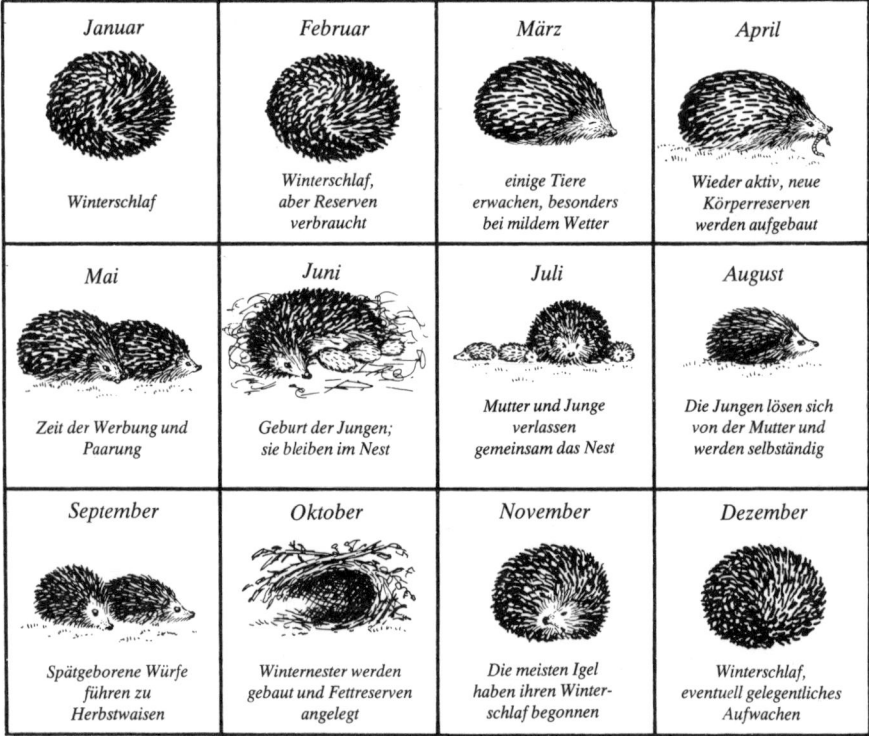

Das Jahr des Igels

Stillstand. Der Herzschlag verringert sich auf weniger als 20 Schläge pro Minute, und die Atmung kommt fast völlig zum Erliegen, so daß einige Minuten zwischen den einzelnen Atemzügen vergehen können. Diese Veränderungen schränken weiteren Energieverbrauch ein, allerdings um den Preis völliger Unbeweglichkeit und gewaltiger Umstellungen im Stoffwechsel des Körpers, die sich nicht schnell wieder zurückverändern lassen.

Ist er also mit ungenügend Nahrung/Energie konfrontiert, um den normalen Stand seiner körperlichen Aktivitäten aufrechtzuerhalten, antwortet der Igel einfach damit, daß er seine körperlichen Aktivitäten aufgibt und den Energieverbrauch auf das zum Leben notwendige absolute Minimum (etwa ein Fünfzigstel des normalen Bedarfs) herunterschraubt. Das ist Winterschlaf.

Wenn Sie erst einmal verstehen, wie der Winterschlaf dazu dient, Energien während der Nahrungsknappheit im Winter einzusparen, beantworten sich einige beunruhigende Fragen von selbst. Wenn es zum Beispiel, obwohl es Winter ist, genügend Futter gibt, besteht keine Notwendigkeit eines Winterschlafs (siehe Kasten S. 122), und so können viele Igel in einem guten Jahr bis weit in den November und Dezember hinein aktiv bleiben. Im warmen Klima von Neuseeland sind nur mitten im Winter einige wenige Wochen Winterschlaf notwendig, in Skandinavien dagegen dauert der Winter länger und daher der Winterschlaf auch. Umgekehrt kann eine Schlechtwetterperiode im Herbst oder Frühling wieder zu solcher Futterknappheit führen, daß Inaktivität und Fasten besser sind als der Versuch, das normale Leben aufrechtzuerhalten. Winterschlaf kann demnach auch stattfinden, wenn es gar nicht Winter ist. Es handelt sich also um eine äußerst flexible Einrichtung, die sich den verschiedensten Bedingungen anpassen kann.

Nun verstehen Sie wahrscheinlich auch, warum man einen im Winterschlaf befindlichen Igel *nicht* warmhalten soll. Höhere Temperaturen (z. B. 20°C) beschleunigen die Stoffwechselvorgänge im Körper, und das verbraucht wertvolle Energien, die ohne völliges Erwachen und Aufbruch zur Nahrungsaufnahme nicht wieder ersetzt werden können. Liegt der Igel erst einmal bewegungslos im Winterschlaf, muß seine Körpertemperatur so niedrig wie möglich (bei einem Minimum von 1°C) gehalten werden, um den Stoffwechsel und Energieverbrauch zu verlangsamen.

Igel sind auch im Winter unterwegs, allerdings nicht sehr häufig

Während des Winterschlafs ist der Igel starr und zur Nahrungsaufnahme nicht fähig. Seine «Brennstoffzufuhr» kommt aus den im Körper unter der Haut angestauten Fettreserven. Es handelt sich dabei um «weißes Fett», wie es am Schinken vorkommt, und zu Beginn des Winterschlafs macht es etwa ein Drittel des gesamten Körpergewichts aus. Diese wertvollen Reserven werden, über den Winter verteilt, langsam aufgebraucht. Zusätzlich sind auch noch große, orangefarbene Lappen unter der Schulterhaut vorhanden, die aus sogenanntem «braunem Fett» bestehen. Ihre spezielle Funktion besteht in der Ausstrahlung von Wärme, wenn das Tier zum «Auftauen» und zur Aufnahme der normalen Aktivität bereit ist: Stoff für die innere Verbrennung. Daraus folgt, daß ein Igel, ehe er in den Winterschlaf geht, ausreichend weißes Fett für viele Wochen angesammelt haben muß und genügend braunes Fett, um mehrmals aufwachen zu können – ansonsten wird der Winterschlaf nur ein Vorspiel zum Tod (wie es bei vielen jungen und unterernährten Igeln der Fall ist). Es ist also lebensnotwendig, daß Igel in den Wochen vor dem Winterschlaf genug zu fressen bekommen, nicht nur zum Leben und Wachsen, sondern auch um Fettreserven anzulegen, die sie über den Winter bringen. Ein Igeljunges oder jeder Igel, der mit einem Gewicht unter 450 Gramm (auf dem Festland ca. 700 Gramm) überwintert, hat zu wenig Fett, um auch nur die kürzeste Winterperiode zu überleben (siehe S. 67).

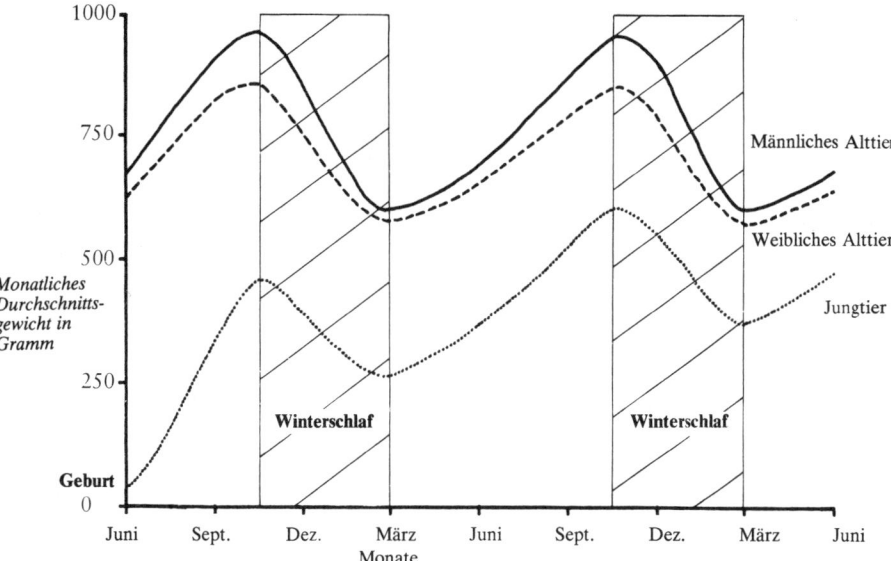

Während des Winters verringert sich durch Abbau der Fettreserven das Körpergewicht, steigt aber im Sommer wieder an, wenn sie neu aufgebaut werden

Allgemein wird angenommen, daß der Winterschlaf ohne Unterbrechung verläuft und – wenn alles gut geht – der Igel etwa am St.-Hubertus-Tag einschläft und gegen Ostern wieder aufwacht. Tatsächlich aber sind Aufwachphasen in Großbritannien keineswegs selten und erwacht ein Igel häufiger, als es auf dem europäischen Kontinent der Fall ist. Normalerweise schläft ein Igel drei bis vier Monate durch. Aufwachen bedeutet einen Anstieg der Körpertemperatur von vielleicht 5°C auf 30°C oder mehr, was gewöhnlich mindestens drei bis vier Stunden dauert. Der Igel verbringt nun ein bis zwei Tage in ziemlichem Normalzustand, ehe er wieder in Winterschlaf versinkt. Während dieser Wachzeit kann es vorkommen, daß er sein Nest verläßt und umherwandert, aber das passiert verhältnismäßig selten. Die Mehrzahl der Wachphasen wird im Nest verbracht. Dieses periodische Aufwachen erfolgt unwillkürlich, obwohl natürlich Störungen, Überschwemmungen und selbst jahreszeitlich ungewöhnlich warmer Sonnenschein den Igel auch aufwecken.

Viele Untersuchungen wurden an Igeln in Laboratorien durchgeführt (besonders in Skandinavien), um die physiologischen Einzelheiten des Winterschlafs herauszufinden, aber über Winterschlaf in freier Wildbahn ist kaum etwas bekannt. Um diesem Mißstand abzuhelfen, beobachtete ich sechs Winter lang Igel in einem West-Londoner Park; ich hielt fest, wann und wo sie ihre Nester (Hibernakeln) bauten, wie oft diese benutzt wurden, und wie lange sie hielten. Als die Herbstnächte kälter wurden, hörten die Igel auf, die Hauptgrasflächen des Parks zu benutzen und begannen, sich in (angeblich kaninchensicheren) abgezäunten, mit Dornensträuchern und Büschen bewachsenen Gebieten zu versammeln. Hier bauten sie ihre Winternester, die an gefällte Baumstämme geschmiegt oder unter Dornenranken und aufgehäuftem Astwerk versteckt waren. Andernorts benutzen sie ähnliche Lagen und gehen unter Schuppen und selbst in Kaninchenbaue, um dort den Winter zu verbringen.

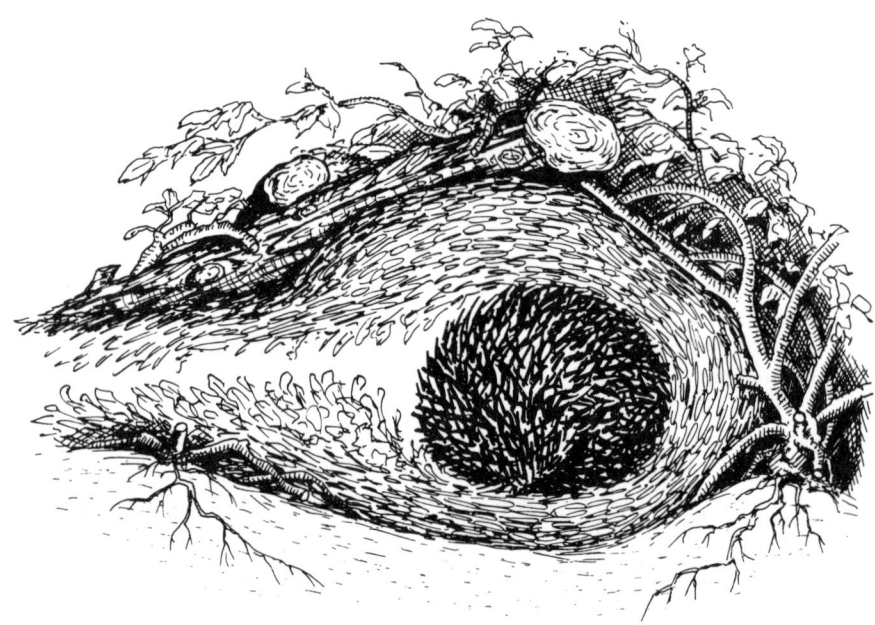

Innenansicht eines Winternestes

Es gab immer mehr Nester als Igel, fast so, als baue sich jeder ein Ersatz-Winterlager für eventuellen späteren Gebrauch. Wechselte allerdings ein Igel tatsächlich die Nester während des Winters (was die meisten mindestens einmal taten), so benutzte er niemals ein schon fertiges, sondern baute immer ein neues Nest. Manche Nester waren klein und fielen rasch auseinander. Wahrscheinlich hatten Jungtiere sie gebaut; gute Nester brauchen Übung. Nur junge Igel teilten Nester miteinander, und das nur kurzfristig, denn freilebende Igel überwintern allein. Seltsamerweise machen sie in Gefangenschaft genau das Gegenteil und bestehen darauf, die Nestkästen zu teilen, auch wenn nahebei noch leere zur Verfügung stehen.

Ein typisches Winternest ist eine meist aus Blättern direkt am Boden hergestellte, umfangreiche Konstruktion mit einem Durchmesser von 50 Zentimetern. Oft wird auch Gras, Farnkraut und anderes Material verwendet, aber am besten eignen sich Blätter, weil sie am wasserundurchlässigsten sind. Der Igel sammelt sie, immer mehrere gleichzeitig, und trägt sie im Maul zum ausgewählten Platz. Dort stapelt er sie auf, wobei er die neuen Ladungen immer in die Mitte des Haufens wirft. Hat er genug zusammengetragen, wühlt er sich hinein und beginnt im Kreis darauf herumzutrampeln. Normalerweise würde das nur ein Auseinanderfallen der Blätter bewirken, aber die Lage ist so geschickt gewählt, daß der Blätterhaufen von den ihn umgebenden Holzstücken oder Dornsträuchern zusammengehalten wird. Das Herumtrampeln richtet alle Blätter in eine ähnliche Lage aus und drückt sie flach aneinander. Das fertige Nest wirkt wie eine kleine Kammer, die durch einen kurzen Tunnel erreicht wird und mit einer bis zu 10 Zentimetern dicken Schicht aus zusammengepreßten Blättern ausgepolstert ist. Ein solches Nest hält weit länger als ein Jahr, aber niemals verwendet ein Igel im nächsten Winter das vorjährige Nest wieder, selbst wenn es noch frei zur Verfügung steht. Allerdings übernehmen es andere Tiere wie Bienen, Wespen und Waldmäuse mit Begeisterung.

Diese Blätter-Hibernakeln sind nicht nur ungemein wetterfest, sondern geben auch eine ausgezeichnete Isolation gegen Kälte ab (und isolieren ebenso in unangenehm warmen Tagen). Tatsächlich sind die Nestwände derart wirksam, daß im Innenraum über mehr als drei Viertel der Zeit zwischen 1°C und 5°C herrschen, selbst wenn die Außentemperatur auf minus 8°C fällt oder über plus 10°C steigt. Studien in Laboratorien haben ergeben, daß der Energieverbrauch während des Winterschlafs bei Igeln am geringsten ist, wenn die Körpertemperatur etwa 4°C beträgt. So spielt das Nest, der einzige Winterschutz des Igels, auch eine Rolle beim Erfolg der Winterschlafmethode. Das Winternest ist für Gedeihen und Überleben der Igel derart wichtig, daß das Vorhandensein von geeigneten Nestbaustellen und dem dazu nötigen Material einer der maßgebenden Hauptfaktoren für die Verbreitung von Igeln ist. Möglicherweise ist das der Grund, und nicht Futterknappheit wie oft angenommen wird, warum Igel in Mooren und Pinienwäldern und Sumpfgebieten so selten vorkommen (siehe S. 17). Das sind genau die Lebensräume, in denen es schwierig ist, genügend Laub für den Nestbau einzubringen. Entsprechend findet man in ganz Nordeuropa kaum Igel oberhalb der Laubbaumgrenze, nicht weil es dort zu kalt ist oder weil kein Futter vorhanden wäre, sondern einfach, weil keine Bäume gleichbedeutend mit dem Fehlen von Laub sind, was wiederum heißt: es läßt sich kein schützendes, isolierendes Nest bauen.

Jungigel im Herbst: Soll man sie ins Haus nehmen, soll man sie lieber in Ruhe lassen?

Haben sie ungenügende Fettreserven, daß heißt ein Körpergewicht unter 450 Gramm, so bedeutet «sie in Ruhe lassen» ihren fast sicheren Tod. Im Haus können sie richtig gefüttert werden und bleiben, vorausgesetzt, sie erhalten reichlich Nahrung und sind keinen Temperaturen unter etwa 10°C ausgesetzt, vollständig aktiv. Auf diese Weise haben sie Gelegenheit, zu «sicherer» Größe heranzuwachsen, und können dann jederzeit bei gutem Wetter freigelassen werden, um sich ein Winternest zu bauen, in dem sie in ihren Winterschlaf versinken. Oder noch besser, man behält und versorgt sie bis zum Frühling – ohne Winterschlaf – im Haus und schenkt ihnen dann die Freiheit wieder. NB: Dies alles betrifft nur Jungigel, die nach Mitte September gefunden werden. Früher im Sommer sollten die Tiere in der Lage sein, für sich selbst zu sorgen, und das sollte man sie auch tun lassen.

Ist es gefährlich für Igel, wenn sie keinen Winterschlaf halten?

Nein. Ohne Schlaf *auskommen zu müssen ist bestimmt unzuträglich, aber* Winterschlaf *kann gehalten werden oder nicht, je nach Wahl. Vorausgesetzt, es ist genügend Nahrung vorhanden, und die Temperaturen fallen nicht unter 8–10° C, besteht für einen Igel keine Veranlassung zum Winterschlaf, und er wird auch keinen halten. Das trifft besonders auf Igel zu, die den Winter über im Haus gehalten werden. Läßt man sie dann im Frühling frei, haben sie, wohlgenährt wie sie sind, einen entscheidenden Vorteil gegenüber den wildlebenden Igeln, deren Reserven während des Winterschlafs völlig aufgebraucht wurden. Im Haus gehaltene Igel zeigen keinerlei nachteilige Erscheinungen und paaren und vermehren sich absolut normal.*

Bestand und Populationsdichte:
Wieviel Igel gibt es?

Es ist nahezu unmöglich, diese Frage zu beantworten. Das Problem liegt in den Zählmethoden. Große Tiere, wie Hoch- und Rotwild, sind im Tageslicht sichtbar und können einfach mit bloßem Auge oder auch mit Hilfe eines Fernglases gezählt werden. Aber Igel sind Nachttiere und in der Dunkelheit nur schwer auszumachen, selbst auf offenen Flächen. Und wie weiß man, wie viele sich noch unter Büschen, im hohen Gras oder Dickicht verborgen halten?

Biologen benutzen oft die «Fang- und Wiederfang-Methode», um Tierzählungen durchzuführen. Eine repräsentative Auswahl von Tieren wird gefangen, markiert und wieder freigelassen. Später nimmt man eine zweite Stichprobe, und aus dem Verhältnis markierter zu unmarkierten Tieren in dieser zweiten Probe wird das Gesamtvorkommen veranschlagt. Das funktioniert gut

bei Käfern und Mäusen, aber nicht bei Igeln. Weder kann man auf einen Schlag zahlenmäßig eine genügend große Anzahl einfangen, noch kann man sicher sein, daß diese Fangmethode selbst nicht störend auf das Vorkommen einwirkt.

Man kann die Igel markieren, die in den eigenen Garten kommen. Angenommen, im Laufe eines Monats zeigen sich zehn Tiere. Heißt das etwa, daß in jedem Garten zehn Igel leben? Wie viele dieser zehn sind gleichzeitig Teil der zehn eines anderen Gartens? Und was ist mit den dreien, die markiert wurden und dann nie wieder auftauchten? Sind sie tot oder einfach nur anderswohin gegangen? Schwer zu sagen.

Es besteht die Annahme, daß Igel in einer Populationsdichte von einem pro Morgen (25 pro zehn Hektar) leben. Wenn zum Beispiel die Gesamtfläche Englands 130000 Quadratkilometer beträgt, beläuft sich das – rund gerechnet – auf eine Igelpopulation von 32 Millionen. Basiert aber die ursprüngliche Veranschlagung von einem Igel pro Morgen Land auf dem Zählen von 30 Tieren während eines Spaziergangs durch ein 30 Morgen großes Parkgelände (mit weitem Spielraum für irrtümlich Doppelzählungen und Außerachtlassen von die Dichte erhöhenden Familiengruppen), dann könnte die «Zählung» äußerst ungenau ausgefallen sein. Bei einem anderen Abendspaziergang im selben Gelände sähe man vielleicht nur 10 Igel, besonders wenn es sich um eine kalte Nacht handelt. Natürlich ist auch die Annahme irreführend, daß die Populationsdichte einer Gegend oder eines Lebensraumes (in diesem Fall ein Park) die gleiche ist, die man mitten in einer Stadt oder auf einer Autobahn antrifft! Die Schätzung von 32 Millionen englischer Igel kann ohne weiteres um 25 Millionen Tiere falsch sein!

Versuche an mit Mini-Sendern versehenen Tieren (siehe S. 81) zeigen, daß *durchschnittlich* der Aktionsraum eines Igels etwa 20 Hektar groß ist. Da er aber dieses Stück Land nicht als sein Allein-Revier verteidigt, teilen es andere Igel mit ihm. So kann man also nicht sagen, jeder Igel braucht 20 Hektar Land, England ist 130000 Quadratkilometer groß: 20 Hektar = 650000 Igel.

Das Beste, was wir im Moment tun können, ist, uns auf ein Gebiet (und nur eines) zu beziehen, das im Detail untersucht wurde. Es handelt sich um einen Golfplatz im Westen Londons von etwa 100 Morgen (40 Hektar) Größe. Dort betrug, gemäß verschiedener Zählmethoden, über drei fortlaufende Jahre hinweg die ständige Population etwa 30 Tiere. Das ist, über den Daumen gepeilt, eine Durchschnittsdichte von einem Tier pro Hektar oder einem pro drei Morgen. Allerdings wäre es übereilt, diese Zahlen zur Bestimmung des gesamten britischen Igelbestandes heranzuziehen, da ein Golfplatz kaum eine typische freie Naturlandschaft darstellt. Mehr Studien sind vonnöten, um die Populationsdichte von Igeln in verschiedenen Lebensräumen zu untersuchen – aber sie werden nicht einfach auszuführen sein.

Wird die Zahl der Igel größer oder kleiner?

Solange wir keine akkurate Methode zur Igelzählung gefunden haben, kann diese Frage nicht beantwortet werden. Da es schon derart schwierig ist, den Igelbestand zu einem bestimmten Zeitpunkt zu veranschlagen, ist es geradezu hoffnungslos, Schätzungen, die zu verschiedenen Zeitpunkten gemacht wurden, im Hinblick auf Zunahme und Rückgang zu vergleichen.

Die Tatsache, daß wir Igel für gewöhnlich eher in Zweier- und Dreiergruppen antreffen als im Dutzend, macht das Problem noch komplizierter. Angenommen, in einer Woche kommen drei Igel zu Ihnen in den Garten, und in der folgenden Woche taucht dann noch ein vierter dazu auf, ist das zahlenmäßig eine 30prozentige Steigerung Ihrer Igelbesucher. Aber es repräsentiert kaum eine 30prozentige Explosion der Igelpopulation. Meistens sprechen mich Leute auf einen Zahlenrückgang an, weil sie auf den Straßen so viele plattgefahrene Igel gesehen haben. Aber tote Igel können sowohl ein gutes als auch ein schlechtes Zeichen sein; ein Punkt, der noch anderweitig behandelt wird (s. S.134).

Was wir bestenfalls über Trends innerhalb der Igelpopulation sagen können, beläuft sich auf die Feststellung, daß gewisse Veränderungen in Flur und Wald die Anzahl der Tiere verringern müssen. Die Umwandlung weiter Weideflächen in Ackerland dezimiert die Zahl der Igel aus zwei Gründen. Erstens: Bestellte Felder werden mit Pflanzenschutzmitteln behandelt, um Käfer, Würmer, Schnecken und andere Wirbellose zu vernichten, die ansonsten die Hauptnahrung des Igels ausmachen. Zweitens beraubt die

Entfernung von Hecken, Gehölzen und verstreuten Fleckchen Brachland, die den Anbau leichter machen und die Ertragsfähigkeit steigern sollen, die Igel ihrer geeigneten Möglichkeiten für den Winternestbau. Diese Veränderungen vollzogen sich in den vergangenen 20 bis 30 Jahren in weiten Flächen bis dahin unberührten Naturgebietes.

Andererseits ist die Ausweitung der Städte für Igel weniger bedrohlich als für andere Tiere. Es gibt genügend Nahrung und geeignete Nestbauplätze in Vorortgebieten, wo Igel in relativer Sicherheit leben können.

Opfer des Verkehrs

Es ist eine traurige Tatsache, daß die meisten von uns Igel eher als zerquetschte Überbleibsel auf der Straße kennen, denn als liebenswerte, geschäftig herumtrippelnde Tiere. Manchmal kann es einem schon zusetzen, wenn man von einem Autoausflug mit den Bildern Dutzender toter Igel im Kopf zurückkommt.

Die Stachelhaut ist erstaunlich widerstandsfähig gegen wiederholtes Überrolltwerden von Fahrzeugreifen. Wird diese Haut auf die Straße gepreßt, bleibt sie länger sicht- und erkennbar als die dünne, weiche Haut von Kaninchen oder anderen Säugetieren. Das trägt zu dem übertriebenen Eindruck bei, unsere Straßen seien geradezu gepflastert mit totgefahrenen Igeln. Während einer Autofahrt sehen Sie, sagen wir, fünf Kaninchen und zehn Igel, aber die Kaninchen wurden wahrscheinlich im Laufe der letzten paar Tage getötet, während einige der Igel schon wochenlang auf der Straße liegen.

Wenn Untersuchungen darüber angestellt wurden, welche Tierart am häufigsten den Tod auf der Straße findet, rangiert der gute alte Igel gewöhnlich unter den vier am meisten betroffenen

Säugetierarten (zusammen mit Kaninchen, Eichhörnchen und Hausratten). Man kann unmöglich wissen oder auch nur schätzen, wieviele Igel jährlich auf unseren Straßen überfahren werden, aber im ganzen müssen es einige Zehntausend sein. In Dänemark ergaben Untersuchungen, daß pro Jahr zwischen 70 000–100 000 Igel auf diese Weise sterben (aus einer Gesamtsumme von 10 Millionen überfahrener Wirbeltiere).

Verständlich, daß all diese toten Igel beträchtliche Besorgnis hervorrufen. Geht dieses Blutbad so weiter, gehören Igel bald zu den seltenen oder gar ausgerotteten Tieren – behaupten zumindest Pessimisten. Ich ziehe es vor, die erfreulicheren Aspekte zu betrachten und festzustellen, daß Igel *trotz* all dieser Straßentode nicht ausgestorben (oder auch nur bis jetzt besonders selten geworden) sind, was beweist, welch ein überaus fruchtbares und durchsetzungsfähiges Tier der Igel ist. Er überlebt trotz all dieser Vernichtung. Der Tod auf den Straßen ist vielleicht doch auch ein Zeichen der Unverwüstlichkeit des Igels und nicht Beweis seines bevorstehenden Untergangs. Dennoch betrachte ich es natürlich als äußerst bedauerlich, daß so viele auf diese Weise sterben müssen.

Trotz der hohen Anzahl überfahrener Igel stellt die Straße, gesamthaft betrachtet, wohl keine wirklich entscheidende Bedrohung dar. So wurden zum Beispiel von den etwa 80 markierten Igeln in einem unserer Untersuchungsgebiete nur einige wenige auf nahen Straßen überfahren, obwohl dort dichter und schneller örtlicher Verkehr herrschte. Eine ähnliche Untersuchung in Neuseeland, ebenfalls in einem Gebiet mit hohem Verkehrsaufkommen durchgeführt, endete mit nur 4 Prozent auf der Straße überrollter markierter Igel.

Auf plattgewalzte Igel sprechen mich wohl die meisten Leute an, und es ist sehr interessant zu hören, wie unterschiedlich die Deutungen ausfallen. Manche Bemerkungen gehen in die Richtung: «Es scheint immer mehr Igel zu geben, denn dieses Jahr habe ich ganz besonders viele zermatscht auf der Straße gesehen.» Eine andere Version ist: «Ich habe dieses Jahr so viele tote Igel auf der Straße gesehen, da können nicht mehr viele übrig sein; sie *müssen* ja einfach immer seltener werden.» Die gleiche Beobachtung, aber zwei völlig verschiedene Auslegungen. Es gibt noch eine dritte Art: «Ich habe dieses Jahr weniger überfahrene Igel gesehen, sicher sind sie seltener geworden.» Und diese Feststellung bezieht sich auf das gleiche Jahr, in dem andere Leute behaupten, ihnen seien mehr tote Tiere aufgefallen. Das alles unterstreicht nur, wie schwierig eine Veranschlagung der Populationszahl von Igeln ist (siehe S. 130), und es beweist, daß wir keinen Nutzen aus einer Untersuchung über Igelverluste auf Straßen ziehen können. Das heißt, wir können doch etwas daraus lernen! Wenn Sie, zum Beispiel, dieselbe Strecke regelmäßig befahren und feststellen, wo vor allem Igel vorkommen, so zeigt sich, daß es bestimmte «Unfallstellen» zu geben scheint, wo besonders häufig tote Tiere liegen, während wieder auf langen Strecken in beiden Richtungen wenige oder keine stacheligen Verkehrsopfer zu finden sind. Könnte das ein Beweis dafür sein, daß Igel regelmäßig benutzte Pfade haben und dazu neigen, die Straße immer an denselben Stellen zu überqueren?

Bei unseren Autofahrten bemerken wir auch, daß Igel oft in der Nähe von Gebäuden oder in vorstädtischen Siedlungsbereichen überfahren werden, seltener in freier Feldflur. Das steuert teilweise zu der Behauptung bei, daß die Igelpopulation in einigen Lebensräumen (besonders in Ortsbereichen) dichter ist als in anderen. Ähnliche Beobachtungen lassen den Schluß zu, daß in einigen Teilen Neuseelands eine größere Siedlungsdichte von Igeln besteht als in Großbritannien. Es werden dort auf einem vorbestimmten Straßenabschnitt mehr Tiere überfahren als in Großbritannien. Daraus ziehen wir den (vielfach falschen) Schluß, daß die Zahl der Totfunde die der lebenden Tiere widerspiegelt. In anderen Worten, je mehr Igel unterwegs sind, um so mehr finden auch den Tod auf der Straße. Will man diese Annahme noch weiterführen, so kann man die zu verschiedenen Jahreszeiten festgestellten Zahlen miteinander vergleichen. Die Häufigkeit der Verkehrsopfer dient dann als Barometer, das den Grad des jahreszeitlichen Aktivitätsablaufs bei Igeln anzeigt.

Das Problem bei Berechnungen über Verkehrsopferzahlen liegt darin, daß man nicht nur Igel, sondern auch das Verkehrsaufkommen in Betracht ziehen muß. Die Sommermonate locken sowohl Autofahrer als auch Igel gleichermaßen ins Freie, und einige der erhöhten Zahlen von Totfunden sind vielleicht nur eine Folge des dichteren Verkehrs. Schönes Wetter verführt zum

Die Rache des Igels

Hinausgehen, mehr Leute sind unterwegs, und entsprechend werden auch mehr Igelbeobachtungen gemacht. In anderen Worten: Selbst wenn Igel das ganze Jahr hindurch gleich aktiv wären, so würden im Sommer doch mehr von ihnen getötet, und wir würden dies auch vermehrt beobachten.

Eine interessante Feststellung ist, daß die Verluste in den Monaten April und Mai höher sind als im Juni. Eine Theorie besagt, dies liege an den jungen, unerfahrenen Igelkindern, die das Nest verlassen und bald darauf überfahren werden. Aber das kann nicht die richtige Erklärung sein, denn die wenigsten Igeljungen kommen vor Juli aus dem Nest. Außerdem sind die früh im Jahr überfahrenen Igel praktisch alles Alttiere. Es ist wahrscheinlicher, daß die zahlenmäßige Spitze der überfahrenen Igel die erhöhte Aktivität während der Paarungszeit widerspiegelt; zum Beispiel vermehrtes Umherlaufen bei der Partnersuche. Diese Erklärung scheint auch deshalb einleuchtend, weil etwa zwei Drittel aller Straßenopfer männliche Igel sind.

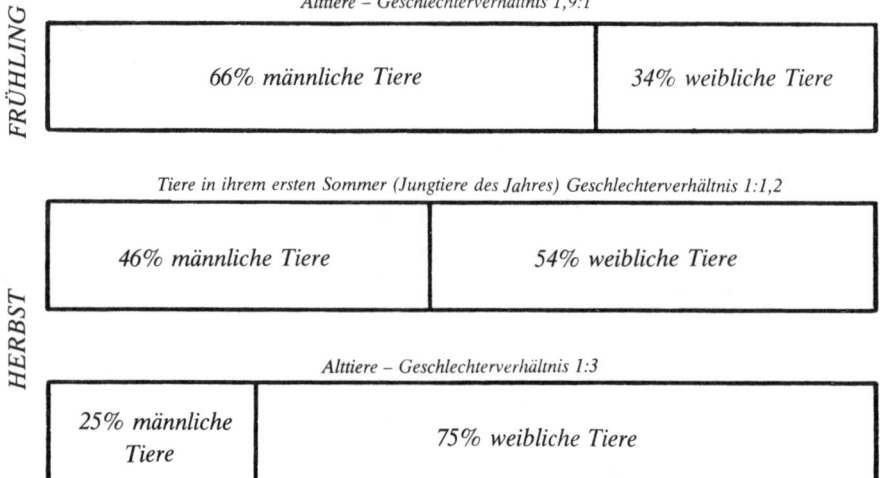

Bei überfahrenen Igeln ändert sich das Verhältnis Männchen zu Weibchen mit der Jahreszeit

Rennende Igel: Ein Schritt in der Evolution?

Der Grund, warum Igel so häufig auf der Straße «auf die Nase fallen» ist selbstverständlich die natürliche Reaktion dieses Tieres auf Gefahr. Wird es angegriffen, rollt es sich zusammen: Das ist ein ausgezeichneter Schutz gegen Feinde, aber kaum eine geeignete Verteidigung angesichts eines Zehntonner-Lastwagens. Vor einigen Jahren erregte eine Theorie Aufsehen, nach der Igel dabei seien, eine neue Form zu entwickeln, die bei der

Annäherung eines Fahrzeuges davonlaufe, anstatt sich zusammenzurollen und liegenzubleiben. Diese Theorie brachte überzeugend die Vorstellung der darwinistischen natürlichen Auslese zum Ausdruck: nur der Fähigste und Tauglichste überlebt. Igel, die sich beim Herannahen eines Fahrzeuges zusammenrollen, werden zerquetscht und ausgerottet. Jene aber, die statt dessen davonlaufen, leben weiter und vererben ihre «Weglauf»-Gene auf die nächste Igel-Generation. Demnach sind wir, so die Theorie, Zeugen der Entwicklung einer neuen Igelrasse: die Schnellfuß-Igel.

Der Gedanke besticht durch seine überzeugende Einfachheit; er mag sogar richtig sein, freilich läßt sich das auf keine Weise nachprüfen, da wir das Verhalten neuzeitlicher Igel nicht mit dem der Igel vor der Erfindung des Autos vergleichen können. Aber der Hauptfehler der Theorie liegt darin, daß sie von falschen Voraussetzungen ausgeht – daß Davonlaufen die Wahrscheinlichkeit des Überlebens erhöht. Das ist nicht der Fall (siehe Darstellung). Davonlaufen kann unter gewissen Umständen sogar die Gefahr erhöhen, statt sie zu verringern. Einzig wenn der Igel schneller rennt, als das Fahrzeug fährt, kann diese Methode erfolgreich sein. Und das kann nicht allzu häufig vorkommen, obwohl manche Igel sehr schnell und manche Fahrer außergewöhnlich langsam sind.

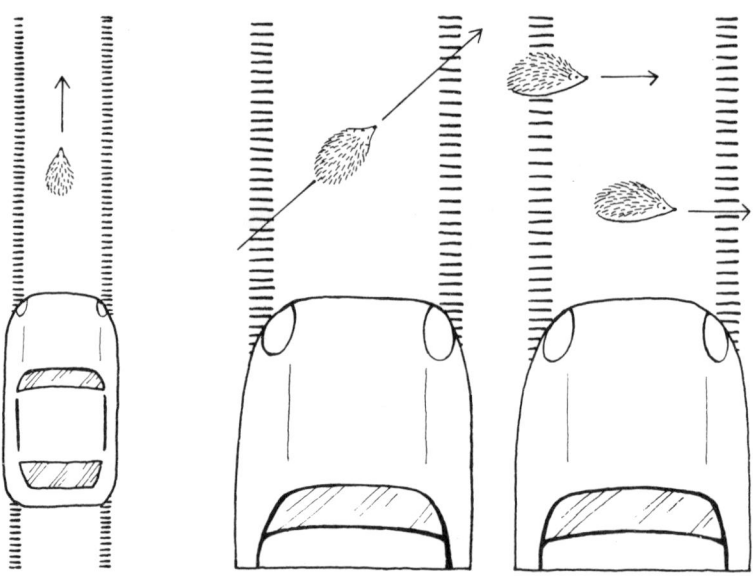

A. *Läuft der Igel in gleicher Richtung wie das Auto, ist er entweder noch innerhalb oder noch außerhalb der Radspuren.*
B. *Überquert der Igel schräg die Fahrbahn, bleibt er länger im Bereich der Radspuren, obwohl er sie in einem Winkel schneidet – daher ist die Wahrscheinlichkeit, daß er überfahren wird größer, nicht kleiner.*
C 1. *Die einzige Gelegenheit, bei der schnelles Davonlaufen nützt, ist dann gegeben, wenn sich das Tier schon in der Radspur befindet und im rechten Winkel zum heranrollenden Rad flüchtet. Dabei darf es allerdings nicht unter das nächste Rad laufen; am besten würde es umkehren, aber das dauert entsprechend länger, wodurch das Risiko des Überfahrenwerdens wieder steigt.*
C 2. *Ist der Igel zwar im Bereich des herankommenden Fahrzeugs, aber nicht genau in den Radspuren, wäre es besser, wenn er bewegungslos sitzen bleibt. Zu laufen bedeutet, daß er in die Radspur gerät und eventuell getötet wird.*
Kurz: Laufen garantiert das Überleben nicht, noch erhöht es die Chancen dafür.

Der Igel und der Mensch

Bekanntermaßen benutzte Alice im Wunderland ihre Igel als Krocketbälle. Sie hatte viel Ärger mit ihnen, weil sie immer wieder in Gräben und Furchen steckenblieben, außerdem rannten sie ständig davon. Allerdings waren diese Schwierigkeiten nichts im Vergleich zu denen, als sie versuchte, Flamingos als Schläger zu benutzen, wobei sämtliche Spieler auf einmal an den Igel kommen wollten und die Herzdame wütend wurde und die Lust am ganzen Spiel verlor.

Ein weiterer bekannter (vielleicht praktischerer) Verwendungszweck des Igels ist, ihn als Mahlzeit zuzubereiten. Zumindest in der Vergangenheit taten sich Zigeuner regelmäßig an ihm gütlich, wobei sie besonders Tiere bevorzugten, die im Herbst

Wie Alice Igel gebrauchte

gefangen wurden, wenn sie vor dem Winterschlaf schön dick und saftig waren. Ich selbst habe es nie probiert – aus den gleichen Gründen, aus denen, wie ich annehme, auch heutige Zigeuner darauf verzichten. Ich habe den Verdacht, daß Corned beef in Dosen sowohl bequemer als auch gefälliger ist als Igel in Ton.

Im tiefen Mittelalter hielt man viele Tiere (darunter auch recht abstoßende) für medizinisch wertvoll. Der Igel bildete da keine Ausnahme, und 1658 führte Topsel in seiner «History of Four Footed Beasts and Serpents» (Geschichte der vierfüßigen Tiere und Schlangen) an, auf welche Weise Arzneigetränke, die in der einen oder anderen Form etwas vom Igel enthielten, angeblich menschliche Leiden lindern halfen. So wurde zum Beispiel «einem, der da hatt die Kolik» getrocknete Igelrippenhaut gemischt mit Pfeffer und Lorbeerblättern und verrührt in drei Tassen warmem Wasser empfohlen. Igelasche(!) war gut gegen Eitergeschwüre, und wenn man die Kopfhaut damit puderte, verhinderte das Haarausfall. Benutzte man einen brennenden Igel zum Ausräuchern, so sollte das «mit Gottes Hilfe» Blasensteine lösen. Ein rechtes Igelauge, in Leinöl gebraten und aus einem kupfernen Gefäß geschlürft, sollte das Nachtsehvermögen verbessern. Sein Fett galt als treffliches Mittel gegen zu angeregte Verdauung. Heutzutage haben wir wohl mehr Vertrauen in andere Arzneimittel, aber Topsel hat nur wiederholt, was frühere Verfasser festgestellt hatten, und er führte keine zeitgenössische Bestätigung oder Zweifel auf.

Ein anderes Gebiet medizinischer Forschung beschäftigt sich neuerdings auch mit dem Igel. Untersuchungen an Igeln und anderen relevanten Tieren haben gezeigt, daß die Körpergewebe während des Winterschlafs sehr viel widerstandsfähiger gegen Verletzungen sind, als dies sonst der Fall ist. Zudem benötigt das Gewebe bei verminderter Körpertemperatur weniger Sauerstoff. Diese Prinzipien wendet man bei großen Operationen an, die bei künstlich herabgesetzten Körpertemperaturen durchgeführt werden. Vielleicht könnten wir, wenn wir noch mehr über die natürlichen Mechanismen des Winterschlafs wüßten, weitergehen und ohne Narkosemittel auskommen. Oder wir könnten Operationen anstreben, die sich über Tage hinziehen, oder Kranke «in Winterschlaf versetzen», damit sich ihr Zustand nicht verschlimmert, während sie auf eine Operation oder ein Bett im Spital warten.

Auch an Folgendes hat man schon gedacht: Fänden wir einen Weg, der Menschen befähigt, sich in Winterschlaf zu versenken wie der Igel, so daß sie monatelang keine Nahrung und nur sehr wenig Sauerstoff nötig hätten, würde das viele Probleme langwährender Raumfahrten in zwangsläufig kleinen Raumkapseln lösen. Ein Hin- und Rückflug zu einem anderen Planeten zum Beispiel kann viele sehr langweilige Jahre dauern. Der Astronaut müßte für diese Zeit einen riesigen Nahrungsvorrat (der ihm sicher bald zum Hals heraushinge) mitführen – da wäre es doch viel besser, ungefähr sechs Monate Winterschlaf zu halten. Außerdem haben Untersuchungen an im Winterschlaf liegenden Tieren ergeben, daß sie, bis zu einem gewissen Grad, in diesem Zustand weniger anfällig für Strahlungen sind: möglicherweise ein weiterer, nützlicher Gewinn für die Raumfahrt.

Es gab noch eine Menge weiterer prosaischer Verwendungszwecke von Igeln, oder zumindest ihrer Stacheln. Zog man den stacheligen Hautteil flach und ließ ihn trocken und hart werden, entstand ein dauerhaftes, spitzstacheliges Polster, etwa einem Nadelkissen gleich. Früher bildete dies die Grundlage für Geräte, die man zum «Kardätschen» von Wolle und zum

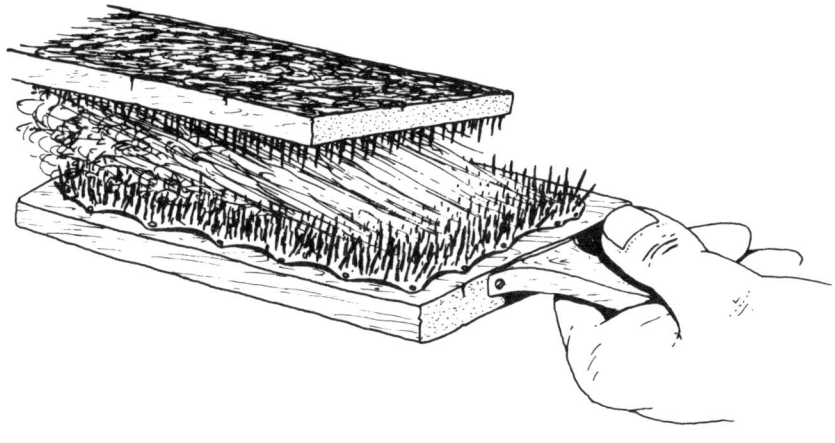

Getrockenete Igelbälge wurden zum Kardätschen von Wolle benutzt

Hecheln von Flachs benutzte, ferner zum Auskämmen der Fasern, bis sie parallel ausgerichtet liegen, was eine notwendige Vorbereitung zum Spinnen des Fadens war. Eine ähnlich getrocknete, stachelige Igelhaut ließ sich gut als (ziemlich grobe) Bürste zum Auflockern von wollenen Kleidungsstücken und zum Auskämmen verfilzter Wollstoffe verwenden.

Am lebenden Igel geben die Stacheln, wenn man sie berührt, ziemlich leicht in alle Richtungen nach, aber bei der getrockneten Haut sind sie steif und starr. In großen Mengen können solche Stacheln gefährlich werden, schlimmer als ein Stacheldrahtverhau, und zu einem wirkungsvollen Abschreckungsmittel gegen zufällige Berührung. Kein Wunder also, daß früher die Bauern Igelhäute auf die oberste Torlatte ihres Obstgartens nagelten, um kleine Lausbuben fernzuhalten. Es wird auch berichtet, daß Kutscher im 19. Jahrhundert Igelfelle an ausgesuchten Stellen der Wagendeichsel anbrachten, um die Pferde solange sie eingeschirrt waren, am Einschlafen zu hindern. Lehnte das erschöpfte Pferd sich für ein kleines Schläfchen seitlich gegen die Deichsel, erhielt es einen unangenehmen Stich in die Flanke, der es bestimmt wachhielt.

Der Igel im Volksglauben

Aufspießen von Äpfeln

Eine der ältesten Geschichten, die sich um Igel ranken, muß wohl die sein, daß er Äpfel auf den Stacheln herumträgt. Schon Topsel beschreibt es in seiner «History of Four Footed Beasts and Serpents», und nahezu alle in den 300 Jahren seither erschienenen Berichte über Igel erwähnen es. Topsel hat die Geschichte wahrscheinlich aus den Werken des römischen Schriftstellers Plinius, der schon vor 2000 Jahren eine Mischung aus Tatsachen und Fabeln zusammengetragen und aufgeschrieben hat.

Darstellung aus dem 13. Jahrhundert: Äpfel tragende Igel

Im wesentlichen wird in der Geschichte berichtet, daß Igel die Stacheln benutzen, um Früchte aufzuspießen und in ihr Nest zu tragen. Das Auflesen und Heimtragen auf diese Weise ist in einigen mittelalterlichen Büchern überzeugend illustriert. Manchmal wird die Erzählung auch noch damit ausgeschmückt, daß der Igel zuerst auf den Baum klettert und sich dann auf die am Boden liegenden Früchte fallen läßt. Meist werden diese als Äpfel beschrieben, gelegentlich kommen aber auch Trauben und andere weiche Früchte vor; vor allem in alten Berichten aus Frankreich und Spanien, wo diese Früchte für einen Igel wohl leichter zu finden sind. Diese Geschichte wird nicht nur in Europa gesponnen, sondern auch im fernen China. Aber stimmt sie?

Sie können sich ohne weiteres selbst davon überzeugen, daß Igel in der Lage sind, Früchte auf dem Rücken zu tragen. Wenn Sie einen weichen Apfel auf seine Stacheln spießen und leicht hin- und herrütteln, zieht das Tier die Muskeln zusammen, die das Aufstellen der Stacheln bewirken. Dadurch sitzt die Frucht so fest, daß sie auch dann nicht herunterfällt, wenn sich der Igel in Bewegung setzt. Die Frage ist nur, wie es der Igel allein schafft, die Frucht aufzuspießen. In den alten Geschichten wird erklärt, daß der Igel sich auf die Äpfel rollt, aber sie würden ja, selbst wenn das stimmte, wahrscheinlich nicht steckenbleiben. Der Mathematiker, Physiker und Astronom Isaac Newton hätte die Theorie, daß Äpfel mit genügend Schwung vom Baum fallen, um sich aufzuspießen, sicher unterstützt; aber ein darunter sitzender Igel erwartet wie Sir Isaac keine so zufälligen Ereignisse, wie von fallenden Äpfeln getroffen zu werden. Auch liegen die Stacheln während normaler, friedfertiger Aktivität und in Ruhepausen flach an, sind also nicht aufgestellt. Fallende Äpfel prallen einfach ab, ob sie nun auf Igel oder auf einen berühmten

Mittelalterliche Zeichnungen apfelbespickter Igel

Wissenschaftler des 18. Jahrhunderts regnen. Selbst wenn man annimmt, daß es ein Igel schafft, einen Apfel aufzuspießen, so wird es beim zweiten schon doppelt so schwierig, und sich mit einem ganzen Rücken voll Beutegut davonzumachen (wie es auf mittelalterlichen Bildern dargestellt wird), heißt die Wahrscheinlichkeit doch etwas überzustrapazieren.

Wie auch immer, die größten Zweifel müssen sich darauf konzentrieren, warum der Igel sich überhaupt die Mühe machen sollte. Wenn er etwas tragen *muß* (z. B. Nestbaumaterial), dann benutzt er dazu das Maul und nicht die Stacheln. Er hat überhaupt keine Veranlassung, eine Frucht zu tragen, er kann sie oder die daran sitzenden Schnecken und Insekten an Ort und Stelle verspeisen. Igel bringen kein Futter für ihre Jungen ins Nest. Auch legen sie keinen Wintervorrat an, wie das winterschlafende Nagetiere tun, sondern sie speichern Energiereserven in Form von Fett. Bei den Hunderten Gelegenheiten, da ich Winternester untersuchte, habe ich nicht ein einziges Mal auch nur das Geringste entdeckt, das auf ein Speiselager des Igels hätte hinweisen können. Wenn Igel Früchte tragen, warum machen sie sich dann nicht auch gleicherweise mit in Milch eingeweichten Brotstückchen davon oder rollen sich über Würmer und Schnecken, um sie aufzuspießen?

Es ist eine hübsche Geschichte, mehr aber auch nicht. Als das Thema vor einiger Zeit in einer Fernsehsendung, die mehr als 12 Millionen Zuschauer sahen, erörtert wurde, erhielt die BBC keineswegs Berge von Augenzeugenberichten aus unserem Jahrhundert über äpfeltragende Igel, so daß wir den Schluß ziehen müssen, daß der Fall «unbewiesen» ist.

Saugen am Kuheuter

Auf dem Land wird gern erzählt, daß Igel Milch aus Kuheutern saugen. Ein Hauch von Wahrheit mag an dieser Geschichte sein, aber nur ein Hauch. Ganz sicher sind Igel sehr für Kuhmilch zu haben und lassen nur selten eine Gelegenheit zum Trinken aus, aber ebenso sicher ist auch, daß der Igel viel zu klein ist, um an eine stehende Kuh heranzureichen. Liegt sie dagegen, sind ihre Zitzen in Reichweite, und oft läuft etwas Milch aus, von der einige Tropfen ins Gras spritzen können, die jedem vorbeikommenden Igel signalisieren, daß es hier etwas zu holen gibt. Dieser Milchaustritt kommt am ehesten nach einer grasend verbrachten Nacht vor, wenn das Euter voll ist. Igel haben also am frühen Morgen, wenn die Kühe daliegen und darauf warten, in den Melkraum gebracht zu werden, die größten Chancen, Milch zu finden. Und genau zu diesem Zeitpunkt taucht dann auch der Melker auf, um die Kühe zu holen, und sieht den schlabbernden Igel.

Diese Geschichte könnte also wahr sein, jedenfalls bis zu einem gewissen Grad. Es ist unwahrscheinlich, daß ein Igel tatsächlich an einem Kuheuter saugen kann. Sein Mund ist nicht groß genug, um eine durchschnittliche Zitze zu umfassen, und selbst wenn dies der Fall wäre, so würde die Kuh wahrscheinlich ungehalten auf die Igelzähne reagieren. Es ist interessant, daß vor einigen Jahren eine Veterinär-Fachzeitschrift über Schäden an Kuhzitzen berichtete, die mit der eigenartigen Größe und Form von Igelzähnen in Einklang standen. Vielleicht übertreiben einige Igel gelegentlich. Ansonsten ist es wohl nicht schlimm, wenn ein Tropfen überschüssiger Milch in einem Igelmagen landet.

Immun gegen Schlangenbisse?

Schon lange besteht die Ansicht, Igel seien immun gegen Schlangenbisse. Ein bekannter russischer Zoologe ging sogar so weit zu behaupten, dies versetze Igel in die Lage, sich weitgehend von Schlangen zu ernähren, und daß von Schlangen dünn besiedelte Gebiete daher auch ein Hauptgrund für die Seltenheit von Igeln seien!

Es ist richtig, daß Igel gegen den *Biß* einer Schlange resistent sind, nicht aber gegen ihr Gift. Die Unterscheidung ist wichtig. Auf dem europäischen Festland gibt es verschiedene Arten von Giftschlangen, aber keine ist besonders groß. In jedem Fall sind die Giftzähne kürzer als die Igelstacheln. Wenn also in der Vergangenheit Forscher (nicht ich) Gladiatorenkämpfe zwischen Igeln und Schlangen haben austragen lassen, beobachteten sie, wie die Schlange in einer Serie vergeblicher Angriffe gegen den Stachelpanzer des Igels zustieß. Die Fänge verfehlen nicht nur die so geschützte Igelhaut und können daher keinen Schaden anrichten, sondern die aufgestellten Stacheln fügen der Schlange auch tödliche Verletzungen zu, indem sie sie vielfach durchlöchern. Dazu wehrt sich der Igel noch durch Bisse, die Schlange windet sich daraufhin heftig, was den Igel wiederum veranlaßt, sich zusammenzurollen. Bleibt er dabei in das Reptil verbissen, rollt er sich um es herum und setzt nun mit aller Kraft seine Zusammenrollmuskeln ein, um die Schlange zu strecken, wobei er weitere Stacheln in sie eindrückt. Diese Handlung geschieht automatisch, nicht willkürlich, und ist äußerst wirksam. (Wenn Sie einen Igel in der Hand halten und er sich plötzlich um Ihre Finger zur stacheligen Kugel zusammenrollt, bekommen Sie sehr schnell einen unangenehmen Einblick in das Schicksal der unglücklichen Schlange.) Das Ergebnis solcher Kämpfe ist oft Tod oder Verstümmelung der Schlange, und der Igel mag seinen Triumph auskosten, indem er eine Mahlzeit aus seinem Opfer macht.

Soweit scheint unsere Geschichte wahr zu sein. Sollte es der Schlange allerdings gelingen, ihre Fänge zufällig in das ungeschützte Gesicht oder Bein zu schlagen, wo die Haut recht dünn ist, kann eine Giftdosis eindringen, die den Igel schwerkrank werden oder sogar im Laufe weniger Stunden sterben läßt. Etwas wissenschaftlichere Tests über die Resistenz gegen zu Experimentierzwecken eingespritzte Giftdosen ergaben, daß der Igel widerstandsfähiger ist als einige andere häufig vorkommende Tiere, aber immun sind Igel nicht gegen Schlangengift.

Man hat festgestellt, daß der Igel unter den speziellen Bedingungen des Winterschlafs gegen viele Giftsubstanzen außergewöhnlich resistent ist. Er kann massive Überdosen von Gift überleben, die sehr viel größere Tiere mehrfach umbringen würden. Im Winterschlaf liegende Igel überstehen auch eine halbe Stunde in giftigem Kohlenmonoxyd; sie sind ebenso außergewöhnlich unempfindlich gegen radioaktive Strahlung, obwohl diese Dinge in freier Wildbahn kaum eine Bedrohung darstellen. Die überraschende Fähigkeit des Igels, im Winterschlaf dem Tod ein Schnippchen zu schlagen, ist eher von theoretischem Interesse, als für den Gebrauch im alltäglichen Leben. Obwohl man mit Recht sagen könnte, daß ein Schlangenbiß einen im Winterschlaf liegenden Igel nicht töten kann, wäre diese Feststellung doch wieder nur rein hypothetisch. Denn wenn der Igel Winterschlaf hält, tut es die Schlange auch.

Igelforschung

Ich werde oft gefragt, welche Art Forschung über den Igel betrieben wird, und ich muß zugeben, daß es sehr wenig ist. Laborstudien haben die Aspekte der Fortpflanzung und des Winterschlafs erforscht. Einige wissenschaftliche Freilanduntersuchungen haben sich mit verschiedenen ökologischen Themen beschäftigt. Meine eigenen Forschungen und die meiner Studenten stellen nur eine sehr kleine Bemühung dar und berühren kaum die Oberfläche. Unsere Betrachtungen galten zum Beispiel dem Aktionsraum, der Nahrungsaufnahme und dem Winterschlaf in Parkgelände und auf einem am Stadtrand gelegenen Golfplatz (weil es verhältnismäßig einfach ist, bei Dunkelheit in offenen, rasenbewachsenen Lebensräumen zu arbeiten), aber das sind ziemlich besondersartige Habitate. Noch haben wir nicht einmal den Versuch unternommen, uns an Igel in landwirtschaftlichen Gebieten zu wagen, ganz zu schweigen von solchen, die in Wäldern leben; und doch ist es möglich, daß deren Verhalten und Aktivitäten ganz anders sind.

Die technischen Probleme bei der Arbeit an Igeln sind beträchtlich; größer noch ist die Schwierigkeit, Studien an Nachttieren zu treiben, da doch unser ganzes Leben auf Tagesarbeit eingestellt ist. Beides geht nicht, und ein paar mit Igeln verbrachte Nächte haben eine verheerende Wirkung auf Ihr gesellschaftliches Leben, ganz zu schweigen von der Arbeit, die Sie tagsüber erledigen sollen.

Aber das Hauptproblem ist das Geld. Da der Igel, außer in den Ländern, wo er unter Naturschutz steht, nicht zu den gefährdeten Tierarten zählt und auch keine wirtschaftlichen Schäden anrichtet, wird er nicht zur Kenntnis genommen. Geld fließt den Untersuchungen «wichtigerer» (wenngleich schon weit besser erforschter) Tierarten zu. Forschungsmittel sind heutzutage äußerst rar, aber selbst die kleinste Untersuchung verschlingt Unsummen. Während unserer vierwöchigen Arbeit über Igel und ihre Futterschalen fuhren wir täglich etwa 40 Kilometer: über 900 Kilometer im ganzen.

Von den Studenten, die die «Kuliarbeit» leisteten, opferte jeder pro Nacht sechs oder mehr Stunden (ohne Unterbrechung, keine Mahlzeiten, keine Trinkpausen), ein Total von 400 und mehr Arbeitsstunden. Jede einigermaßen angemessene Bezahlung treibt die Kosten sehr schnell in gewaltige Höhen, abgesehen von den Ausgaben für Ausrüstungen, Taschenlampen, Batterien, Zeit am Computer und so weiter. Ein hauptberuflicher wissenschaftlicher Assistent kostet im günstigsten Fall jährlich um die 5000 Pfund (rund 20 000 DM) und in dieser Summe sind Fahrzeug und Ausrüstung noch nicht enthalten. Wer ist schon bereit, soviel für Igel auszugeben?

Es bestehen auch einige spezielle Projekte, die der Untersuchung bedürfen, aber für diese werden Forschungszuschüsse in großem Rahmen benötigt, und sie müssen angesichts der Konkurrenz anderer Zuschußanwärter warten, bis sie an die Reihe kommen. Ein solcher Bereich wäre die Untersuchung des Energiebedarfs der Igel, ein anderer die Rolle der Duftdrüsen in der Ökologie und im Verhalten von Igeln. Es gibt noch eine Menge Untersuchungen, die vielleicht einmal interessante und neue Informationen erbringen können.

Nachwort

In einigen mitteleuropäischen Ländern, in der Schweiz, der Bundesrepublik Deutschland, Österreich und der DDR, steht der Igel als Wildtier unter strengem Naturschutz. Daher gelten für ihn dort spezielle Gesetze. So darf ein Igel niemals ohne zwingenden Grund eingefangen und verschleppt werden. Eine Haltung in Gefangenschaft ist nur für vorübergehende Zeit erlaubt, wenn er bei Krankheit oder Verletzung gesund gepflegt werden muß, für die Aufzucht mutterloser Säuglinge und die Überwinterung untergewichtiger Jungigel.

Während der Pflegezeit muß der Igel möglichst naturgetreu gehalten und in Ruhe gelassen werden, damit er nach der Rücksiedlung in freier Wildbahn sein normales Leben weiterführen kann. Etwaiges Experimentieren mit Igeln, die Zähmung zum «Haustier», als «Kinderspielzeug» und weitere, sich für die Freiheit unzuträglich auswirkende «anerzogene Gewohnheiten», sind in den obengenannten Ländern absolut unzulässig.

Postscriptum: Schneckenvertilgungsmittel

Die wissenschaftliche Auseinandersetzung darüber, inwieweit chemische Schneckengifte auch für Igel tödlich sind, hält an. Dabei wird die Leidenszeit des Tieres, verbunden mit qualvollen Krampfzuständen auch bei einer anfänglich nur geringfügigen Vergiftung, völlig außer acht gelassen. Noch unveröffentlichte Arbeiten weisen darauf hin, daß Schneckengifte auch für den Kleinsäuger Igel gefährlich sein können.

Eine «Verharmlosung» der Produkte und alle bisherigen Versuche ihrer Hersteller, durch Beigaben von Bitterstoffen und Blaufärbung Säugetiere und Vögel von der Aufnahme abzuhalten, haben leider nicht den gewünschten Erfolg gebracht. Wissenschaftler, Biologen und vor allem Tierärzte bestätigen weiterhin auf Grund von Sektionen die Gefährlichkeit und Todesursache von Schneckenködern auf Metaldehydbasis. Prof. Dr. U. Freudiger, Direktor der Veterinärmedizinischen Universitätsklinik und Tierspital Bern, stellt fest, daß Metaldehyd immer noch eine der häufigsten Vergiftungsursachen beim kleinen Haustier geblieben ist, und allein in den Jahren 1978/79 151 mit schweren Krämpfen (und anschließender Spital-Intensivbehandlung) verbundene Vergiftungsfälle an Kindern bekannt wurden. Wie den Jahresberichten 1980–1983 des Schweizerischen Toxikologischen Informationszentrums Zürich zu entnehmen ist, haben die zum Teil schweren Vergiftungsfälle im genannten Zeitraum zugenommen.

Literatur

Mit der zunehmenden Igelforschung und den Publikationen wissenschaftlicher Arbeiten in Fachzeitschriften, die allerdings nicht jedermann zugänglich sind, kamen auch eine Anzahl gemeinverständlicher Igel-Bücher und -Broschüren auf den Markt. Leider sind die früheren Werke nur noch sehr schwer, eventuell leihweise in Fachbibliotheken oder im Antiquariat, erhältlich. Wegen ihres reichhaltigen, fachlichen Wissens möchten wir sie jedoch nicht unerwähnt lassen. Die neueren Bücher sind meist käuflich oder auch leihweise erhältlich.

Herter, K.: «Die Biologie der europäischen Igel», Verlag Paul Schöps, Leipzig 1938.
Herter, K.: «Igel», Leipzig 1952.
Harrison-Matthews, L.: «British Mammals», Collins New Naturalist, London 1952.
Herter, K.: «Hedgehogs», Phoenix House, London 1965.
Pfletschinger, H. & Küffner, E.: «Der Igel Tobias», Stuttgart 1965.
Burton, M.: «The Hedgehog», André Deutsch, London 1969.
Morris, P.: «The Hedgehog», Forest Record No. 77, H.M.S.O., London 1973.
Corbet, G.B. & Southern, H.N.: «The Handbook of British Mammals», Blackwell, Oxford 1977.
Kinkelin, M.J.: «Heimliche Gefährten der Nacht», Eugen Sulzer Verlag, Heilbronn 1977.
Poduschka, W. & A.: «Geliebtes Stacheltier», Landbuch Verlag, Hannover, Neuauflage 1980.
Schmidt, H.: «Europäische und Exotische Igel», Piller, München 1980.
Fritzsche, H.: «Igel als Wintergäste», Gräfe & Unzer, München 1981.

Register

Abstammung 13, 14, 15
Äpfel 145, 146, 147
Albinos 26
Alter s. a. Lebensdauer 23, 111, 112
Aufwachphasen 125
Aufzucht 57, 70
Aufzucht von Igelbabys 74
Augen 26, 37, 40, 42, 65, 142

Beine 22
Bestand 130, 132
Blut auf den Stacheln 36

Chemikalien 49, 91, 106, 109, 116

Durchfall 98, 99, 101

Eier als Nahrung 55
Energieverbrauch 123, 124
Entrollen 60
Erbrechen 99, 118
Erinnerungsvermögen 45
Erkennen einzelner Igel 102, 103, 104, 105
Ernährung s. a. Nahrung 42, 51, 52, 53, 54, 56, 67, 72, 73, 92, 93, 94, 95, 96, 97, 98, 99, 101, 105
Evolution 13, 139

Färbung 26, 64
Familiengeschichte 13
Familiengröße 62, 63, 65
Familienleben 62
Feinde 114
Fell s. a. Haare 23, 27, 28, 35, 77

Fett 23, 67, 68, 99, 111, 114, 116, 124, 125, 128
Fett, braunes 124
Fieber 118
Flöhe 34, 35, 36, 47
Forschung 152, 153
Fortpflanzung 57, 60
Freisetzung 68, 75, 128, 129
Füße 22
Fußabdrücke 22, 23
Fußspuren 23

Gärten 20, 88, 89, 90, 91, 95, 96
Gartenigel 71, 88, 89, 90, 91, 92, 93, 94, 95, 96, 97, 99, 100, 102, 104, 107, 117, 131
Geburt 62, 63, 64, 65, 67
Gefangenschaft 73
Geräuschempfindlichkeit 42, 76
Geruchssinn 40, 41, 47, 85
Geschlechterverhältnis 61, 138
Geschlechtsbestimmung 60, 61
Geschwindigkeit 77
Gewicht 23, 24, 67, 68, 73, 101, 111, 124, 125, 128
Grind 118, 119, 120
Größe 23, 68

Haare s. a. Fell 23, 25, 28, 35, 41
Haarwechsel 28, 64
Handhabung 60, 72, 75
Haut 23, 25, 36, 37, 63, 78, 134, 143, 144
Heimkehrvermögen 81
Hibernakel (Winternest) 126, 127

Igelarten 16
Igelbabys 27, 30, 37, 39, 61, 62, 63, 64, 65, 66, 67, 68, 70, 71, 72, 73, 74, 109, 124
Igelbiß 30, 31
Igelhaltung 70, 71
Igel im Volksglauben 145, 146, 147, 148, 149, 150, 151
Igelkost s. a. Nahrung 51
Igel und Mensch 141, 142, 143, 144
Im-Kreis-Rennen 49, 57, 58

Jungigel 128

Kämpfe 58, 83
Klettern 78, 90
Knochen 112, 113
Körperbau, äußerer 22
Körperbau, innerer 29, 30, 112
Kot 51, 85, 101
Krankheiten 118, 119, 120
Krankheitsträger 118, 120
Kuhmilch 98, 99, 148

Lautsprache 38, 57, 58
Lebensdauer s. a. Alter 111, 112, 115
Lebenserwartung 111, 112
Lebensraum 17, 20, 21, 81, 82, 83, 85, 91, 94, 128, 131, 132, 133, 136, 137
Lernfähigkeit 44
Literatur 156

Maden auf der Haut 37
Markieren 102, 103, 104, 105, 131
Metaldehyd 107, 108, 109, 155
Milch und Brot 92, 93, 94, 95, 96, 97, 98, 99, 100, 101
Muskeln 32

Nachtaktivität 85, 86, 93
Nahrung s. a. Ernährung 24, 30, 40, 43, 55, 65, 66, 68, 72, 86, 99, 107, 115, 121, 123, 128, 147
Name 11
Nest 36, 64, 65, 66, 68, 69, 71, 75, 81, 82, 91, 94, 96, 114, 125, 126, 127, 128, 147

Ohren 41
Orientierungssinn 82

Paarung 58, 59
Paarungshäufigkeit 59, 60
Parasiten 34, 35, 37, 82, 118, 120
Pestizide 108, 109, 110, 115, 116, 132
Populationsdichte 130, 131, 132

Radio-Ortung 80, 81, 82, 86, 87, 93, 95, 100, 131

Saugen am Kuheuter 148
Schädel 29, 30
Schlangen 11, 149, 150, 151
Schneckenvertilgungsmittel 106, 107, 108, 109, 110, 155
Schutzbestimmungen, gesetzliche 154
Schwanz 22
Schwimmen 78
Selbstbespeichlen 46, 47, 48
Sinne 40, 41, 42, 45, 52
Skelett 29
Stacheln 14, 15, 26, 27, 28, 32, 34, 48, 56, 59, 63, 64, 78, 79, 86, 102, 104, 114, 134, 143, 144, 145, 146, 149
Stimme 38
Stoffwechsel 122, 123
Straßentod 134, 135, 136, 137, 138, 139, 140
Strecken, zurückgelegte 80, 81, 82, 94

Temperatur 37, 74, 122, 123, 125, 127, 128, 142
Todesursachen 37, 56, 65, 68, 72, 89, 90, 99, 100, 108, 111, 114, 115, 116, 117, 122, 124, 128, 134, 135, 136, 137, 138, 150, 155
Trächtigkeit 62
Trächtigkeitsdauer 62

Unterkühlung 74, 75

Verbreitung 16, 18, 19, 20, 21, 128
Verhalten 32, 38, 40, 41, 44, 45, 46, 47, 48, 49, 50, 51, 52, 54, 55, 56, 57, 58, 59, 66, 73, 75, 76, 77, 80, 81, 82, 85, 95, 96, 104, 105, 139, 140, 145
Viehroste 114, 115
Vögel als Beute 55
Vorkommen 20, 21

Wachstum 65, 66, 112, 113
Wanderungen, nächtliche 80, 81, 84
Werbung 39, 42, 49, 57, 58, 59
Winternest (Hibernakel) 126, 127
Winterschlaf 45, 62, 68, 74, 78, 99, 111, 114, 118, 121, 122, 123, 124, 125, 126, 127, 128, 129, 142, 143, 150, 151
Wurfgröße 63, 65
Wurfzeit 62

Zähne 30, 31, 65
Zahmheit 75
Zecken 37, 38
Zusammenrollen 32, 33, 60, 75, 114, 139, 149
Zutraulichkeit 71